Liebe Leserinnen, liebe Leser!

Die Autorin **Hilke Maunder** *pendelt zwischen Hamburg und Südfrankreich hin und her. In ihrem Blog »Mein Frankreich« berichtet sie über Land, Leute und Genuss.*

Bei Arles malte van Gogh 1888 seine Sonnenblumen. Im Werk von Paul Cézanne tauchen mehrfach die Montagne Sainte-Victoire auf, jene zerklüftete Bergkette östlich von Aix-en-Provence, von der auch Pablo Picasso fasziniert war. Das besondere Licht, das diese und zahlreiche weitere Künstler in die Provence lockte, ist für viele sicher auch heute ein Grund für eine Reise in den Süden Frankreichs, dazu kommen eine Fülle einzigartiger Sehenswürdigkeiten und nicht zuletzt das typische Provence-Flair.

Wo die Provence am schönsten ist

Die Autorin dieses Bandes, Hilke Maunder, lebt etwa die Hälfte des Jahres in einem kleinen Ort bei Perpignan, von dort ist es nicht weit bis nach Arles, Avignon oder Marseille, und so weiß Hilke Maunder ganz genau, wo die Provence am schönsten ist. Sie kennt die Orte, an denen man das spezifische Provence-Flair erleben kann und verrät in diesem DuMont Bildatlas viele persönlich erprobte Tipps. Bei meinem letzten Aufenthalt im Süden Frankreichs bin ich einigen ihrer Wanderempfehlungen gefolgt (S. 53 und S. 78). Relativ leicht zu organisieren ist von Marseille aus die Tour entlang der Calanques-Küste, angesichts der tollen Landschaft und der immer wieder grandiosen Aussichten waren die rund 18 km für uns ein Hochgenuss.

Elan Fleisher, *Fotograf dieses DuMont Bildatlas, verstarb – viel zu früh – 2018. Er wusste, dass die Provence sein letztes großes Projekt sein würde und hat die Region mit viel Aufwand in Szene gesetzt.*

Eine Stadt erfindet sich neu

Apropos Marseille. Die Hafenstadt dürfen Sie auf Ihrer Provence-Reise nicht auslassen. Im letzten Jahrzehnt hat Marseille eine erstaunliche Wandlung vollzogen – aus der leicht schmuddeligen Hafenmetropole wurde und wird eine angesagte Boomtown mit spektakulärer neuer Architektur, viel Kultur rund um die Uhr und tollen Shoppingmöglichkeiten. Die Entwicklung begann nach der Ernennung zur Kulturhauptstadt, erlebte ihren ersten Höhepunkt im Kulturhauptstadtjahr 2013 und dauert weiterhin an. Bis 2020 sollen die wichtigsten Projekte abgeschlossen sein. Lassen Sie sich überraschen!

Herzlich

Ihre

Birgit Borowski

Birgit Borowski
Programmleiterin DuMont Bildatlas

40 Marseille ist hip geworden, die Stadt hat sich neu erfunden.

Impressionen

. . . .

Aix und der Osten

. . . .

Marseille und Umland

. . . .

Arles und Camargue

UNSERE FAVORITEN

BEST OF ...

DuMont
Aktiv

Genießen   Erleben   Erfahren

Orange und Drôme Provençale 84 – 97

Haute-Provence 98 – 115

Avignon, Vaucluse, Luberon 68 – 83

Arles und Camargue 54 – 67

Aix und der Osten 24 – 39

Marseille und Umland 40 – 53

Maßstab 1:1.500.000

0   40km

Topziele

Die bedeutendsten Sehenswürdigkeiten der Provence sowie Erlebnisse, die Sie keinesfalls versäumen dürfen, haben wir auf dieser Seite für Sie zusammengestellt. Auf den Infoseiten ist das jeweilige Highlight als TOPZIEL *gekennzeichnet.*

ERLEBEN

1 Vieux-Port Marseille: Seit der Antike ist der Alte Hafen das Herz von Marseille. Hier trifft sich die Welt, kreuzen sich die Kulturen. **Seite 51**

2 Palais des Papes Avignon: Festung des Glaubens – wie die Päpste einst in Avignon herrschten, erzählt eine tolle Multimediaschau. **Seite 81**

3 Théâtre Antique Orange: Keine antike Bühne weltweit ist besser erhalten als das Theater von Orange. Erleben Sie hier Opern bei den Chorégies. **Seite 95**

NATUR

4 Gorges du Verdon: Zwischen Castellane und dem Lac de Sainte-Croix hat der wilde Verdon Europas größten Canyon in den Kalk gefräst. **Seite 39**

5 Calanques: Steile Kalksteinklippen, türkisblaue Badewasser: Zwischen Marseille und Cassis versteckt sich ein Naturjuwel. **Seite 52**

KULTUR

6 Atelier Aix-en-Provence: In Aix-en-Provence ist das Erbe Paul Cézannes allgegenwärtig, besonders in seinem letzten Atelier in Lauves. **Seite 37**

7 MuCEM Marseille: Architektonischer Hingucker und Megamuseum zu den Mittelmeerkulturen mit köstlicher Küche auf dem Dach. **Seite 51**

8 Gordes: Hoch auf einem Felskamm thront Gordes im Herzen des Luberon, eines der schönsten Dörfer Frankreichs! **Seite 82**

9 Notre-Dame de Sénanque: Inmitten wogender Lavendelfelder inszeniert die Zisterzienserabtei das Flair der Provence. **Seite 82**

10 Château de Grignan: 750 Briefe einer Marquise machten dieses Renaissanceschloss weltberühmt. Eindrucksvoll auch das Freilichttheater! **Seite 96**

11 Sisteron: Wo Felsen den Fluss versperrten, öffnete die Durance den Weg gen Süden: Sisteron ist das Tor zur Provence! **Seite 113**

„Zwischen den Tälern"

Bewaldete Hügel, zerfurchte Bergketten und Hochplateaus ziehen sich durch die Haute-Provence – fantastische Aussichten garantiert. Von der Zitadelle hoch über Entrevaux belohnt ein spektakulärer Blick auf die Dächer der Stadt, die Schleife des glitzernden Var und die bergige Landschaft ringsum. Der Ort mit dem sprechenden Namen im Département Alpes-Haute-Provence war lange Grenzstadt des Königreichs.

Melting Pot

Seit 2600 Jahren ist Marseille Frankreichs
Melting Pot am Mittelmeer. Hier fassten Leute
aus aller Welt Fuß, alle Stände, alle Schichten:
Banker und Bäcker, Reeder und Händler, Prosti-
tuierte, Promis und Politiker. Auch heute prägen
Einwanderer die nach Paris zweitgrößte Stadt
Frankreichs. Sie wurde 2013 Kulturhauptstadt,
investierte in Großprojekte und erlebt seitdem,
trotz Widerstands und Angst vor Gentrifizierung,
eine regelrechte Renaissance.

Frisches für die Suppe

Kaum eine Suppe ist so geheimnisumwoben wie
die Bouillabaisse, die ihren Ursprung in Marseille
hat. Sieben Edelfische gehören hinein, darunter
zum Beispiel Knurrhahn, Rotbarbe, Petersfisch
und Seeteufel, dazu Felsenfische, Fenchel und
Safran. Über die übrigen Zutaten schweigen die
Köche standhaft. Die Fische aber kaufen sie in
Marseille gleich am Vieux-Port – vom Boot weg,
frischer geht's nicht.

Der feine Unterschied

Lange hatte Aix-en-Provence, die einstige starke Rivalin von Marseille, in Bedeutungslosigkeit verharrt. Seit den Bauprojekten zum neuen Millennium erlebt die Stadt im Süden der Provence einen Aufschwung: Ihr elegantes Flair macht sie zu einem beliebten Reiseziel. Sie setzt klare Akzente in Wirtschaft, Kultur und Lebensart und ist von daher auch äußerst angesagter Wohnort.

Türkisblaues Wasser

Frankreichs zweitgrößter Stausee, der meist spiegelglatte Lac de Sainte-Croix, erstreckt sich im Osten der tiefen Gorges du Verdon. Nach anfänglichen massiven Widerständen beim Bau weiß die Bevölkerung nun zu schätzen, dass der See Geld in die Kassen der Kommunen spült. Denn das riesige Freizeitparadies zieht zahlreiche Gäste an, eignet es sich doch bestens zum Paddeln, Segeln und Surfen – und seine Naturstrände zum Baden und Chillen.

Tor zum Calanques-Nationalpark

Am Ostrand des Nationalparks Calanques bezau-
bert La Ciotat mit Fischerei- und Jachthafen und
einer charmanten Innenstadt. Wer sich von dem
wunderschönen Anblick der Schiffsmasten vor
den bunten Fassaden an der Hafenzeile trennen
kann, legt von hier mit dem Boot ab und fährt in
die Fjordlandschaft des Parc national des Calanques.

Tiefes Blau für die Sinne

....

Von Juni bis August kleidet sich die Provence
hellviolett bis tieflila: Zur Blütezeit verwandelt
der Lavendel das Hochplateau von Valensole
(Bild) und die Region um Sault, Felder der Drôme
und der Vaucluse in Teppiche aus „blauem
Gold". Ein erfrischend-herber Duft und ein schier
grenzenloses blau-violettes Band begleiten dann
die Fahrt über die Routes de la Lavande.

Die besten Unterkünfte beim Winzer

Urlaub auf dem Terroir

Wie harmonisch sich Weinkultur und Lebenskunst in der Provence verbinden, verraten die Séjours en vignoble – Aufenthalte beim Winzer, die so vielfältig sein können wie das Terroir, auf dem die Reben gedeihen. Angeboten werden neben stilvollen Nächten im Winzerschloss oder in einer rustikal-romantischen Kate auch Erlebnispakete. Lassen Sie sich inspirieren!

1

3

3 Einladung zum Nichtstun

Einzig das Zirpen der Grillen durchbricht die Stille: Die vier Cottages der Domaine de Faverot sind Kleinode für Hipster und Oasen der Ruhe, die mit Blick auf den Luberon und Mont Ventoux zum süßen Nichtstun am Infinity Pool einladen, wo der Blick träumerisch über die ebenfalls endlos scheinenden Kulturen mit Wein, Kirschen und Oliven wandert. Wandern? Ja! Den „Parcours Découverte" durch das Rebenland mit abschließender Verkostung sollten Sie nicht verpassen!

€€€ Domaine de Faverot 771, route de Robion, 84660 Maubec, Tel. 06 08 92 86 19, cottages-faverot.com

1 Genuss am Pool

Nur vier Kilometer von der Route du Soleil entfernt laden Ginette und Aimé Daniel mit ihrem Sohn Patrick auf dem stattlichen Château de la Croix Chabrières in Bollène zu einer oder auch mehr Übernachtungen. Jahrhundertealte Platanen umgeben die drei geräumigen Ferienhäuser für zwei bis sechs Personen. Abkühlung an heißen Tagen verspricht ein überdachter, halb offener Pool. Die Tropfen des 14 Hektar großen Weingutes der AOC Côtes-du-Rhône sind im imposanten Haupthaus bei einer Verkostung zu entdecken – oder bei einer kostenlosen Führung durch die Keller und über die Domaine Viticole, die mit ihren Weinen fast hundertmal bereits im renommierten Guide Hachette gelobt wurde. Östlich von Bollène erstrecken sich weitere Weingüter des Tricastin (Bild) mit weiten Rebflächen.

€€ Château de la Croix Chabrières Route de Saint-Restitut, 84500 Bollène, Tel. 04 90 40 00 89, gites-chateau-croix chabrieres.com

2 Ins provenzalische Farbenspiel getaucht

Mit viel Liebe zu provenzalischen Farben haben Romain und Thibaut Chamfort ihre beiden Gîtes (Ferienwohnungen) für vier beziehungsweise sechs Personen in Sablet, rund 20 km östlich von Orange, eingerichtet. In dem charmanten Dörfchen mit seinen Gassen und Feldsteinhäusern wird seit 23 n. Chr. auf 218 Meter Höhe Wein angebaut, er ist der Sonne und dem Mistral ausgesetzt. Heraus kommen kraftvolle Rote, mit denen die Chamforts – hinter deren Rebgärten sich die Dentelles de Montmirail erheben – schon Dutzende Preise eingeheimst haben.

€€€ Domaine de Verquière 3, rue Georges Bonnefoy, 84110 Sablet, Tel. 04 90 46 90 11, domaine-de-verquiere.fr

1

4

4

Rhône

Seealpen

1
2
Avignon
3
Arles
4
5
Aix-en-Provence
6

Marseille

Mittelmeer

4 Am Fuße der Alpilles

Aus den drei wunderschön nostalgischen Gästezimmern, die Familie Brulat in einer ehemaligen Kommende der Templer eingerichtet hat, öffnen sich weite Ausblicke über ihr Rebland hin zu den Bergen der Alpilles und des Luberon. Unter anderem aus Syrah, Grenache, Cabernet Sauvignon und Merlot keltern sie körperreiche Rote der AOP Coteaux d'Aix-en-Provence, aus Vermentino fruchtige Weißweine – sie können im Keller des Hauses verkostet werden. Oder am ersten Advent beim Weihnachtsmarkt in Gesellschaft von Künstlern der Region …

€€/€€€ Château Petit Sonnailler
1, route du Sonnailler, 13121 Aurons,
Tel. 04 90 59 34 47,
petit-sonnailler.com

5 Maisons mit klangvollen Namen

Im Herzen des Luberon haben Patrizia und Olivier Massart zwischen die Reben neun Häuser gestellt. Jedes ist für sich einzigartig, luxuriös, überraschend, verrückt: Mit viel Rot – wie die Liebe – gibt sich die Maison des Amoureux, in Licht gebadet die Maison des Cascades mit einem eigenen Pool, minimalistisch pur mit Schwarz und Weiß die Maison des Lointains, eine Hommage an unvergängliche Klassiker ist die Maison de Toujours. Am Pool blüht der Ginster und im Küchengarten erntet der aus Italien stammende Koch Nicola Locatelli selbst gezogenes Gemüse, Tomaten und Kräuter.

€€€€ Domaine des Andéols
Les Andéols, 84490 Saint-Saturnin-lès-Apt,
Tel. 04 90 75 50 63,
andeols.com

6 Aperitif auf dem Biohof

Nach rund drei Jahrzehnten in Afrika, wohin sie in den 1930er-Jahren aus Deutschland vor den Nazis geflohen waren, kamen Lisa und Gottfried Latz in die Provence. Als sie um 1960 aufgrund politischer Umstände ihre Farm im Kongo aufgeben mussten, erwarben sie in Frankreichs erstem Biodorf Correns die 25 Hektar große Domaine des Aspras und begannen hier, diesmal als Winzer, erneut bei null. Heute führt ihr Sohn Michaël das elterliche Anwesen weiter – nun als Bio-Weingut mit sechs Gästezimmern in der Bastide, Pool und „Pure Home Cooking", bei dem Jan und Mirjam Schlemmermenüs nach Wunsch zaubern, während die Gäste den Aperitif am Pool genießen.

€€€ Domaine des Aspras
Les Aspras, 83570 Correns,
Tel. 04 94 59 59 70,
aspras.com

Junges Flair zu Füßen des Malerbergs

Viele Franzosen träumen davon, hier zu wohnen: Aix ist für sie der Inbegriff von Provence – vornehm, elegant, voller Kultur und Lebensqualität. Für junges Flair in der alten Hauptstadt sorgen Studenten aus aller Welt. Die nahe Montagne Sainte-Victoire, die Paul Cézanne so liebte, begeistert nicht nur bildende Künstler.

Gelungener Start im Süden der Provence: Der Stadtbummel durch Aix-en-Provence beginnt ganz entspannt in der Farbenpracht des Blumenmarkts.

Savoir-vivre an einem lauen Sommerabend in der Altstadt von Aix-en-Provence

**Mistral-Wind,
du Wolken-Jäger,
Trübsal-Mörder,
Himmels-Feger,
Brausender, wie lieb
ich dich!**

Friedrich Nietzsche, aus: An den Mistral

Die Glanzzeit von Aix-en-Provence begann im späten 12. Jahrhundert, als die Grafen der Provence Aix zur Hauptstadt und ihre Residenz zum Synonym für Kultur, Eleganz und Lebensart machten. Wirtschaft und Handel blühten, 1409 folgte die Gründung der Universität, die nun Teil der Aix-Marseille Université ist. Keiner hat Aix so geprägt wie der „gute König" René (1409–1480). Von seinem Stammland Anjou durch den Lauf der Geschichte abgeschnitten, wählte er Aix als Residenz.

Der gute König

Bis heute ist „le bon roi René" dort ungeheuer populär. René I. machte seinen Hof in Aix zur Hochburg von Kultur und Wissenschaft. Der König, der noch acht weitere Adelstitel trug und fünf Sprachen beherrschte, war ein Schöngeist. Er widmete sich der Wiederbelebung der altprovenzalischen Troubadourkultur, versuchte sich selbst im Dichten, holte flämische Künstler in den Süden und griff auch selbst gerne zum Pinsel. Da René I. die niederländische Maltechnik perfekt imitieren konnte, hielt sich bis weit ins 19. Jahrhundert das Gerücht, er habe das Triptychon in der Kathedrale von Aix selbst gemalt. Tatsächlich jedoch wurde der „Brennende Dornbusch" von Nicolas Froment geschaffen.

Maulbeeren für die Seide

Auch der Wirtschaft gab der gute König neue Impulse. Er belebte den Weinhandel durch den Anbau der Muskatellertraube und holte Maulbeerbäume aus Persien in die Provence, die damit zum Standort einer blühenden Seidenraupenzucht wurde. Bis ins späte 19. Jahrhundert wurden die Kokons zu feinster Seide gesponnen, erst in Heimarbeit und kleinen Manufakturen, dann in industriellen Großbetrieben. Für Kinder unter zwölf Jahren wurde die Tagesarbeitszeit 1874 auf maximal sechs Stunden beschränkt, verraten Dokumente im Musée de la Soie (Seidenmuseum) von Taulignan.

René I. starb in Aix am 10. Juli 1480. Sein Grab jedoch ist dort nirgends zu finden. Nur eine Statue auf dem Cours Mirabeau erinnert an den letzten Herrscher der Provence, die nach seinem Tod an die französische Krone fiel. 1501 wurde Aix unter Ludwig XII. Sitz des provenzalischen Parlaments. Mit der Französischen Revolution aber wurde das Regionalparlament in die Hafenstadt Marseille verlegt.

Aix im Wandel

Nach dem Ende der Kolonialkriege strömten in den 1950er-Jahren Nordafrikaner mit französischen Wurzeln, die

Links: In Festtracht
zur Aufstellung des
Maibaums in Aix.
Rechts: Die Vielzahl
an Brunnen zeichnet
Aix-en-Provence aus,
hier die Fontaine de
la Rotonde.

Der Blumenmarkt von Aix-en-Provence
erstreckt sich zu Füßen des Rathauses.

Die Kathedrale Saint-Sauveur in Aix-en-Provence vereint mehrere Baustile in sich.
Imposant war und bleibt sie durch ihre Länge von 70, der Breite von 46 Metern.

Oben: Eine Abteilung der Gemäldegalerie im Musée Granet in Aix-en-Provence widmet sich der französischen und provenzalischen Malerei, die Skulpturengalerie dem Werk von Bildhauern der Region wie Jean-Pancrace Chastel und Truphême.

Das Schattenspiel auf dem Boden der Fondation Vasarely greift die Strukturen der Werke von Victor Vasarely geradezu auf.

Einst gingen im Café Les Deux Garçons in Aix-en-Provence
Picasso, Zola und Camus ein und aus.

Die Bronzefiguren des Schweizer Künstlers Alberto Giacometti entfalten
im Musée Granet frei im Raum stehend ihre Wirkung.

Special

Fayencen

Steingut in schönster Form

Wasser, Erde, Holz: Mehr brauchen
die Keramiker nicht, die in Moustiers Sainte-Marie seit dem 17. Jahrhundert Fayencen herstellen.

Ein Mönch aus Italien – Pierre
Clérissy – hatte ihnen 1668 das Ge-
heimnis der Herstellung verraten:
Die damals mehr als 100 Werkstätten
begründeten den Ruf von Moustiers
Sainte-Marie als Hauptstadt des pro-
venzalischen Fayence-Handwerks.
Terrinen, Teller und Figuren aus der
Provence schmückten zu jener Zeit
die Tische gekrönter Häupter.

Heute halten ein Dutzend Ateliers
die Tradition lebendig. Besonders berühmt – und authentisch – sind die
Werkstätten von Bondil, Lallier und
Mufraggi. Sie fertigen in sieben Ar-
beitsschritten kunstvolle Fayencen.
Doch verziert wird ihr Ton nicht
mehr nur wie einst mit blauem Dekor
auf weißem Grund, sondern mit ganz
unterschiedlichen Farben und Motiven. Und längst hat die Fayencekunst

Fayencen in leuchtenden Farben

Orte wie Aix oder Gardanne erobert,
wo Terres et Formes das Steingut far-
benfroh verziert.

Einblicke in die Tradition der Fayencekunst vermitteln geführte Spaziergänge des Office de Tourisme in
Moustiers Sainte-Marie, das örtliche
Musée de la faïence (rue du Seigneur
de la Clue) und das Musée des Arts
décoratifs, de la faïence et de la mode
in Marseille (Château de Borély, siehe
Kapitel Marseille).

Pieds-noirs (Schwarzfüße), ins Land. Aix
baute uniforme Hochhausviertel und
vervierfachte seine Einwohnerzahl.

Im zweiten Millennium entstand zwischen den Wohnvierteln im Westen
und der historischen Altstadt das neu-
este Vorzeigeviertel von Aix: Sextius
Mirabeau. Geschickt hat der katalani-
sche Architekt Oriol Bohigas mit seinem
Team dabei Wahrzeichen der Stadt auf-
genommen und neu interpretiert: den
gelben Sandstein, die Allées Provençales,
das Studentenflair – und die Montagne
Sainte-Victoire, deren Silhouette die Architektur des neuen Quartiers aufgreift.

Die Magie des Malerbergs

Die rund 1000 Meter hohe Montagne
Sainte-Victoire erhebt sich östlich der
Stadt. Das zwölf Kilometer lange Massiv wirkte auf Paul Cézanne magisch.
Gleich zweimal wandelte Peter Handke
1979 auf den Spuren des Malers, er-
klomm und umrundete den Berg – und
erkannte in der Auseinandersetzung mit
dem „Menschheitslehrer der Jetztzeit“
(Handke über Cézanne) seine eigene
Poetik. Seine Erkenntnis hielt Handke
in einer Erzählung fest: „Die Lehre der
Sainte-Victoire“ (1984; Suhrkamp).

Fasziniert vom Berg war auch Pablo
Picasso, der 1958 das festungsartige
Renaissanceschloss von Vauvenargues

Links: Im Schatten schroff
aufragender Felswände besuchen
Touristen die Shops und Cafés von
Moustiers Sainte-Marie.
Mitte rechts: Die durchfurchten
Felsen der Montagne Sainte-Victoire
faszinierten Künstler wie Paul
Cézanne und Pablo Picasso.

Das ehemalige Zisterzienserkloster Le Thoronet
aus romanischer Zeit besticht noch heute
mit seinen schlichten architektonischen
Bauformen.

Ein außergewöhnliches Ensemble: Das klassische Rathaus in Saint-Maximin-la-Sainte-Baume
schließt an die monumentale gotische Basilika Sainte-Marie-Madeleine an.

Ist auch im Umland der Gorges du Verdon der Tourismus und nicht mehr die Landwirtschaft wichtigster Wirtschaftsfaktor, so wird der Wohnmobiltourismus doch gelegentlich kurz ausgebremst – dann verschaffen sich Schafe und Esel Vorrang.

als Altersruhesitz wählte. Die Einsamkeit der Bergwelt aber trieb den Maler doch zurück an die Côte d'Azur.

Seit 1973 ruhen seine Gebeine im Garten von Vauvenargues. 2009 öffnete Picassos Stieftochter Catherine Hutin erstmals die Tore des Anwesens für Besucher. Doch das Dorf reagierte und forderte aus Angst vor Massentourismus die Begrenzung der Besucherzahlen. Seit 2014 ist Schluss mit Besuchen. Dennoch lockt das Mysterium Picasso seine Fans weiterhin nach Vauvenargues.

Outdoor & Adventure

Im Quartär bedeckten eiszeitliche Gletscher die Provence. Nach der Eisschmelze grub sich ein Fluss tief in die Hochebene ein und schuf im Kalk eine spektakuläre Schlucht: die Gorges du Verdon. Bis zu 700 Meter hoch ragen die weißen Felswände auf, durch die sich der Verdon als schmales Rinnsal zwängt. Staustufen haben ihn gezähmt, Fluor hat ihn smaragdgrün gefärbt. Öffnen die Staustufen bei einem „lâcher d'eau" die Tore, freuen sich Raftingfans und Paddler über weiß schäumendes Wildwasser. Canyoning, Survival, Wasserwandern: kaum ein Kick, den der Verdon für Outdoor-Fans heute nicht bereithielte.

Erst 1905 war es dem französischen Höhlenforscher Édouard Alfred Martel gelungen, die Schlucht zu bezwingen. Sein Auftrag war es, auszukundschaften, ob und wie die Schlucht für die Stromerzeugung zu nutzen sei. Drei Tage war er unterwegs – dann meldete er: Es lohnt sich. Seiner Route folgt heute ein Wanderweg, der mit Seilen und Stegen gesichert ist. Schritt für Schritt geht es so über schmale Gesimspfade hinein in die Erdgeschichte. Kiefern und Wacholderbüsche klammern sich an den Stein. Am Pré d'Issane, dem tiefsten Punkt der Schlucht, wachsen wilde Orchideen, hoch oben drehen Gänsegeier ihre Kreise. Mitunter kommen den Wanderern Badelustige mit Handtuch entgegen: Auch idyllische Ministrände und Badegumpen hat der Verdon geschaffen.

PAUL CÉZANNE UND VINCENT VAN GOGH

Die Provence in reichen Farben

Im Jahr 1839 wurde in der Rue de l'Opéra von Aix-en-Provence ein Maler geboren, der wie wohl kein Zweiter die Impressionisten in den Süden lockte: Paul Cézanne. Aber auch Vincent van Gogh wurde vom Flair der Provence in den Bann gezogen – und war in Arles und Saint-Rémy ungeheuer produktiv.

Es scheint im Atelier von Paul Cézanne in Aix-en-Provence, als sei der Maler nur eben schnell mal fortgegangen.

In seinem Werk hat Paul Cézanne mehrfach die Montagne Sainte-Victoire verewigt. 1902, mit 63 Jahren, wechselte er zum allerletzten Mal sein Atelier und zog nach Les Lauves in die Nähe der Bergkette. Bis zu seinem Tod 1906 arbeitete der Maler in diesem Atelier der Stille und des Lichts und schuf Meisterwerke – darunter auch die *Großen Badenden*. Für den Transport seiner großformatigen Tableaus ließ Cézanne neben den Atelierfenstern einen Schlitz in die Wand einbauen und mit einem Flaschenzug versehen. Sein Atelier ist bis heute unverändert – und gewährt ergreifende Einblicke in sein Leben und Werk.

Auf der Spur des Provence-Malers

In seiner Zeit in Aix tafelte Cézanne mit seinem Freund Émile Zola am Cours Mirabeau in einer Brasserie, die mit vergilbten Spiegeln, Lüstern, Stuck, Gold und Glanz ein Schmuckstück der Belle Époque ist: Les Deux Garçons (Abb. S. 29). Das einzige Porträt, das Cézanne je von Zola gemalt hat, befindet sich in Aix im Musée Granet, umgeben von weiteren Werken des Malers. In den historischen Mauern hatte Cézanne von 1857 bis 1862 zeichnen gelernt – das alte Priorat des Malteserordens barg damals die frei zugängliche Zeichenschule der Stadt. Immer wieder hielt Cézanne die Provence mit ihren Straßen, Orten, Landschaften und Menschen in Ölbild, Zeichnung oder Aquarell fest. Seine tiefe Verbundenheit mit der Provence sollte Cézanne auch in der Ferne später stets begleiten. Sein erstes Atelier richtete sich der

junge Maler um 1862 im Familiensitz Bastide du Jas de Bouffan in Aix ein. Gelegentlich stellte er die Staffelei im Park, am Haus oder an der Kastanienallee auf und arbeitete im Freien, „plein air" – eine Innovation zu seiner Zeit. Auf der Suche nach Motiven war er später viel unterwegs, ab 1864 gelegentlich auch in L'Estaque. Der Chemin de Peintre dort gewährt Blicke, die Maler wie Georges Braque auf die Leinwand bannten.

Verwandelter Kalkstein

Lieblingsmotiv wurde ab 1895 ein Berg, der die Landschaft seiner Heimat

In warmen Gelbtönen und einem tiefen Dunkelblau malte Vincent van Gogh 1888 in Arles die „Caféterrasse am Abend" (Kröller-Müller Museum, Otterlo). Annähernd gleich angeordnet sind heute die Tische im Café van Gogh (links) an der Place du Forum in Arles.

dominiert: die Montagne Sainte-Victoire. Die berühmtesten Bilder vom schroffen Kalkriegel malte Cézanne vom Chemin de la Marguerite auf der Colline des Lauves, zu der er seine 20 Kilo schweren Malutensilien morgens hinaufschleppte, mittags hinab. Mitunter nachmittags erneut hinauf und hinab – angesichts seines Alters und seiner Zuckerkrankheit eine beachtliche Leistung.

Für Kunstfans hat Aix dort mit Blick auf den markanten Gipfel das „Terrain des peintres" gestaltet und Reproduktionen der schönsten Sainte-Victoire-Ansichten aufgestellt.

Wenn man dort geboren wurde, ist es um einen geschehen, man kann sich für nichts anderes mehr begeistern.

Paul Cézanne

Die Fondation Vincent van Gogh zeigt im schmucken Stadtpalais Léautaud de Donines in Arles Kunst des Niederländers im Dialog mit Werken zeitgenössischer Künstler.

Fakten & Informationen

....

Besichtigungen, Spaziergänge & Führungen
Paul Cézanne

Aix-en-Provence: Geführte Besichtigung: Auf den Spuren von Paul Cézanne, Office de Tourisme, April–Okt. Do. 10.00 Uhr, 10 €. Rundgang: Metallplatten, die ein C tragen, kennzeichnen eine Route, die vom Geburtshaus des Malers bis zum Friedhof Saint-Pierre führt, wo er 1906 seine letzte Ruhestätte fand. Atelier Paul Cézanne: s. „Infos & Empfehlungen", S. 37.

Vincent van Gogh

Arles: Fondation Vincent van Gogh: s. „Infos & Empfehlungen", S. 65.
Circuit Van Gogh: arlestourisme.com/de/van-gogh-rundgang. html; Faltblatt beim Office de Tourisme. Rundgang zu zehn Orten in Arles, an denen van Gogh seine Staffelei aufgestellt hat.

Saint-Rémy-de-Provence:
Centre d'Interprétation Van Gogh: Musée Estrine, 8, rue Lucien Estrine, musee-estrine.fr/en/centre-dinterpretation-vvg, Di.–So., Juli/Aug. 10.00–18.30, März, Nov. 14.00–17.30, April, Okt. 10.00–12.00, 14.00–18.00, Mai, Juni, Sept. 10.00–18.00 Uhr, Dez. bis Feb. geschl., 7 €. Hintergrund und Erläuterungen zu den 150 Werken, die während des Aufenthaltes von van Gogh im Hospice Saint-Paul de Mausole entstanden.

Saint-Paul de Mausole: Chemin Saint-Paul, saintpauldemausole. fr (Link: „Centre Culturel"), April–Sept. 9.30–18.45, Okt.–März 10.15–17.15 Uhr, 6 €. Zu besichtigen sind das Zimmer im Männertrakt, in dem van Gogh 53 Wochen verbrachte, der Garten und eine Galerie.

Ein zweites Motiv fand Cézanne zu Füßen der Berge: aufgelassene Steinbrüche, die Carrières de Bibémus (3090, chemin de Bibémus). Rund um eine Hütte, in der der Künstler seine Werke lagerte und manchmal nächtigte, führt ein Weg zu den Stellen, die Cézanne zu Meisterwerken wie „Der rote Felsen" inspirierten.

Im Licht des Südens

Das Licht der Provence lockte auch Vincent van Gogh (1853–1890). Am 22. Februar 1888 traf er in Arles ein, durchstreifte Stadt und Land und malte wie besessen: Ernteszenen, Landschaften und Porträts – 300 Bilder in 15 Monaten. Ein markierter Rundweg folgt heute seinen Motiven – vom „Gelben Haus", das van Gogh im Mai 1888 mietete, über die Caféterrasse an der Place du Forum hin zur Brücke im Viertel Trinquetaille und zu den Alyscamps, der römischen Nekropole, die van Gogh gemeinsam mit seinem Malerfreund Paul Gauguin 1888 in Öl festgehalten hat. Am Abend des 23. Dezember schnitt sich van Gogh nach einem Streit einen Teil seines linken Ohrs ab. Nachbarn ließen den „Fou roux", den verrückten Roten, ins Irrenhaus einliefern. Ein Jahr (1889/90) verbrachte der Künstler darauf im Kloster Saint-Paul de Mausole in Saint-Rémy. In dieser Zeit entstanden Werke wie die „Die Sternennacht".

Grabende Frauen auf dem Feld und Olivenbäume: Leidenschaftlich und expressiv ist die Malweise im Spätwerk Vincent van Goghs. Sein wildes, kurzes Leben hat Künstler weltweit inspiriert.

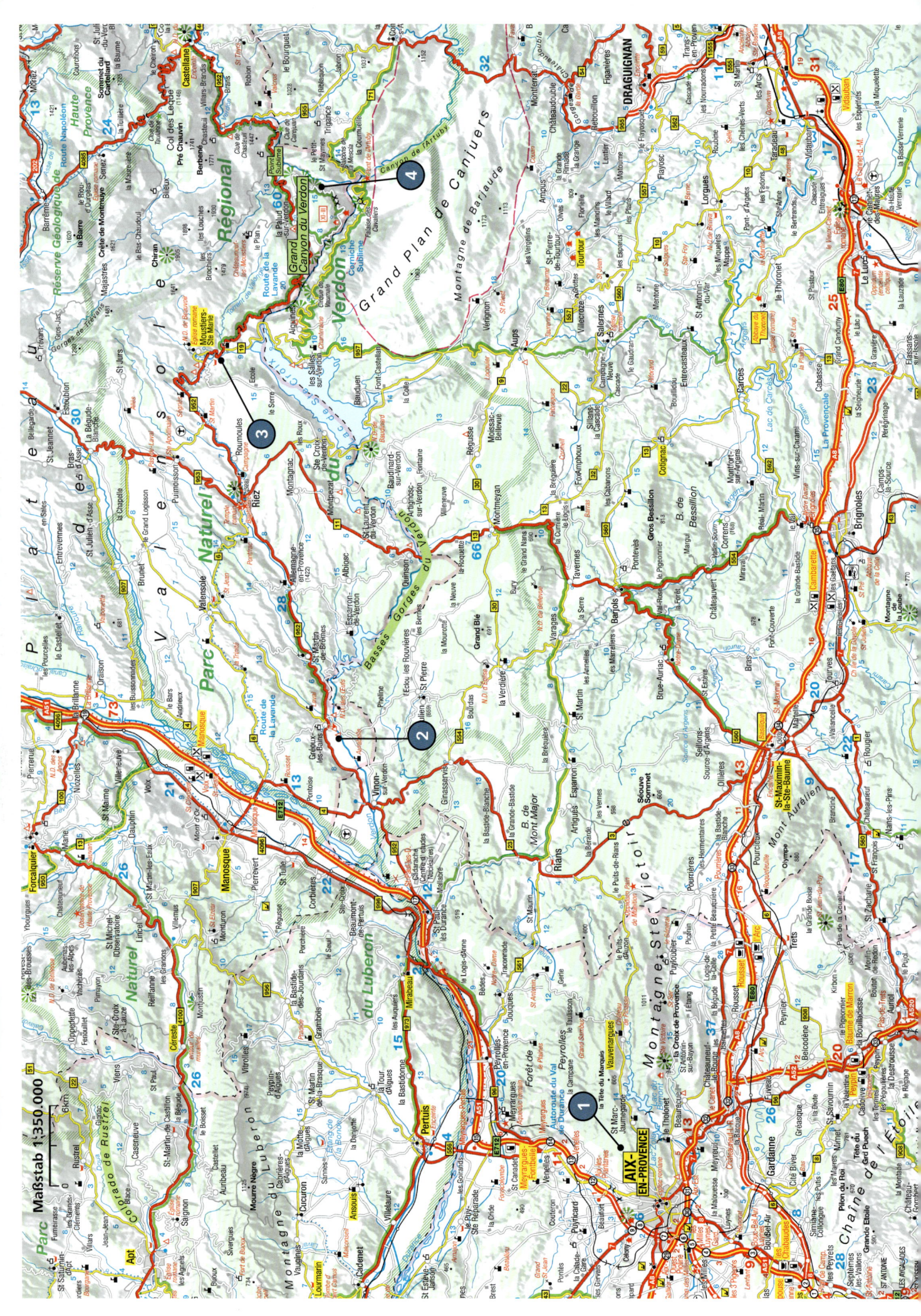

Französische Lebensart

Aix-en-Provence ist das Paris der Provence, eine Metropole, in der nicht nur die Wirtschaft brummt, sondern auch Kultur und französischer Lebensstil Akzente setzen. Jenseits der Montagne Sainte-Victoire prägt der Verdon den Osten der Provence: Hier locken Europas tiefster Canyon, glasklare Seen und sprudelnde Thermalquellen.

1 Aix-en-Provence

Alleen aus Platanen, große Plätze und Brunnen: Die historische Hauptstadt der Provence (142 600 Einw.), 122 v. Chr. als erste römische Stadt auf gallischem Boden mit dem Namen Colonia Aquae Sextiae Salluviorum gegründet, gehört zu den schönsten Städten Frankreichs. Aix ist heute eine Kulturmetropole mit internationaler Strahlkraft.

SEHENSWERT

Große Bäume, prächtige Palais und schmucke Cafés rahmen den **Cours Mirabeau** – angelegt wurde die Flaniermeile der Stadt 1651 allerdings als Ort für Hinrichtungen. Südlich des Boulevards beginnt das vornehme Mazarin-Viertel. Ähnlich repräsentativ ist die nördlich der Flanierstraße gelegene Altstadt von Aix mit Adelspalästen des 17. und 18. Jh.s, weiten Plätzen sowie grandiosen Kirchen wie der **Cathédrale Saint-Sauveur** (rue de Gaston de Saporta; ab 12. Jh.) mit dem Triptychon „Der brennende Dornbusch" (15. Jh.) von Nicolas Froment. Auf der **Place de l'Hôtel de Ville** verkaufen Markthändler vor dem italienisch inspirierten Rathaus morgens Blumen, an der Place Richelme steht seit 250 Jahren die **Ancienne Halle aux Grains** (Getreidehalle, heute Post). Im Südwesten grenzt die Altstadt an das **Forum Culturel,** einen um 2006 errichteten Kulturkomplex mit dem Grand Théâtre de Provence (GTP) von Vittorio Gregotti, dem Pavillon Noir von Rudy Ricciotti (für das Centre Chorégraphique National), dem nach dem Vorbild von Origami von Kengo Kuma entworfenen Conservatoire Darius Milhaud und der Cité du Livre als Stadtbibliothek. In der Nähe gestaltete der Designer Christian Ghion 2014 die **Mur d'eau,** die größte **Wasserwand Europas** (700 m², ave. Max Juvénal) – nachts ist sie illuminiert! Die grüne Mauer auf ihrer Nordseite mit rund 20 000 Pflanzen entwarf P. Blanc.

MUSEEN

Das **Musée Granet** zeigt zehn Gemälde von Paul Cézanne (place Saint Jean de Malte, Tel. 04 42 52 88 32, museegranet-aixenprovence.fr, Juli/Aug. Di.–So. 10.00–19.00, sonst 12.00 bis 18.00 Uhr, Erw. 6 €). Das vermeintlich schönste „hôtel particulier" (Stadtpalais) von Aix verwandelte sich 2015 für 13 Mio. Euro in das **Caumont Centre d'Art** (3, rue Joseph Cabas-

Ein Rundgang durch Aix-en-Provence schließt den Cours Mirabeau, die imposante Krypta der Kathedrale (o. re.) und die Thermes Sextius ein.

sol, Tel. 04 42 20 70 01, caumont-centre dart.com, tgl., Mai–Sept. 10.00–19.00, Okt. bis April 10.00–18.00, bei Ausstellungen Fr. bis 21.30 Uhr, Erw. 14 €), das seitdem hochkarätige Sonderschauen zeigt – eröffnet wurde es mit einer Canaletto-Retrospektive. Originalgetreu ist das **Atelier de Cézanne** TOPZIEL gestaltet (9, avenue Paul Cézanne, Tel. 04 42 21 06 53, atelier-cezanne.com, tgl. 10.00–12.00, 14.00 bis 17.00, April–Juni, Sept. bis 18.00, Juli/Aug. 10.00–18.00 Uhr, 5,50 €, 13–25 Jahre 2 €, Audioguide 3 €).
Die Hügel des Viertels Jas de Bouffan, in dem sich das elterliche Anwesen Paul Cézannes befand, dominiert das monumentale Rechteck der **Fondation Vasarely** mit geometrischen Formen in Weiß und Schwarz, die der Künstler 1976 selbst auf die Fassade malte (1, avenue Marcel Pagnol, Tel. 04 42 20 01 09, fondation vasarely.org, tgl. 10.00–18.00 Uhr, Erw. 9 €).

ERLEBEN

„Luxe, calme et volupté": Dafür stehen die **Thermes Sextius d'Aix** (55, ave. des Thermes, thermes-sextius.com). Frankreichs größter Indoorspielplatz für Kinder bis 12 Jahren ist seit 2017 ein **Gulli Parc.** Er lockt mit Play-

mobil- und XXL-Lego-Land, Minikart, Riesenrutschen sowie Ruhezone mit 400 Büchern, DVDs und WLAN für Eltern (rue des frères Perret, Tel. 04 42 38 94 85, gulli-parc.com, Juli/Aug. tgl. 10.00–18.00, sonst Mi., Sa./So. bis 19.00, Do., Fr. 14.00–19.00 Uhr, ab 10 €). Sehr abwechslungsreich ist das **Opern- und Musikfestival** im Juni/Juli (festival-aix.com).

HOTELS

Im Mazarin-Viertel ist ein Stadtpalais von 1785 in das Boutiquehotel €€€/€€€€ **La Maison d'Aix** mit drei Zimmern, einer Suite und dem „Secret Spa" verwandelt (25, rue du 4 Septembre, lamaisondaix.com). Im zentral gelegenen €/€€ **Hôtel Le Concorde** haben einige Zimmer zum Hof einen Balkon (68, bd. du Roi René, hotel-aixenprovence-concorde.com).

RESTAURANTS

Wo einst Cézanne mit seinem Schulfreund Zola tafelte, sind heute Sophie Marceau, Jean Reno und George Clooney Stammgäste – in der Belle-Époque-Brasserie €€/€€€ **Les Deux**

Garçons (53, cours Mirabeau, lesdeuxgarcons. fr). Zur traditionellen Bistroküche von Raphaël Jordy empfiehlt Jean-Yves Cuppari in der gemütlichen Weinbar €€ **Le Petit Verdot** den passenden Tropfen (7, rue d'Entrecasteaux, Tel. 04 42 27 30 12, lepetitverdot.fr).

EINKAUFEN

Auf der **Place Verdun** gibt es Di. und Do. Handwerk und Trödel, auf der **Place de Richelme** jeden Morgen frisches Gemüse. Die Calissons d'Aix sollen 1473 zur Hochzeit des Herzogs von Anjou kreiert worden sein – vom

Moustiers Sainte-Marie (o.), St-Maximin-la-Sainte-Baume (o. re.). Per Tretboot durch den ruhigen Abschnitt der Gorges du Verdon (re.)

Tipp

Provence-Genuss für daheim

Mit „aix & terra" benannten Marina und Richard Alibert ihre kleine, feine Manufaktur für Genuss à la Provence in Saulce-sur-Rhône, samt gläserner Produktion, Bistro und Boutique. Julien Allano, Küchenchef des Gourmethotels Clair de la Plume in Grignan, hat für aix & terra eigens traumhafte Genüsse kreiert. Die Köstlichkeiten von Confits fruits bis Honig gibt es auch in einem Delikatessenladen in Aix-en-Provence.

Place Richelme, 32, rue Vauvenargues, Aix-en-Provence, Tel. 04 42 09 43 81, epicerie-fine.aixetterra.com

---

Herrscher höchstpersönlich, der damit den traurigen Blick seiner Zukünftigen aufheitern wollte. In der **Confiserie du Roy René** sind die Klassiker nicht minder schmackhaft als neue Kreationen (13, rue Gaston de Saporta, Tel. 04 42 39 29 89, calisson.com).

UMGEBUNG

Vom Parkplatz Puits d'Auzon am Col des Portes (20 km östl.) aus lässt sich die **Montagne Sainte-Victoire** erklimmen: Im Süden ragen ihre Felswände steil auf, die Nordflanke prägen flache Hügel. Monumental überragt die Basilika (1532) den Ort **Saint-Maximin-la-Sainte-Baume** (ca. 45 km östl.). Mehr als 10 000 Menschen aus 27 Ländern wurden in der einstigen Ziegelei von Les Milles gefangen gehalten. Seit 2013 ist das einstige zentrale Lager des Vichy-Regimes in Südfrankreich als **Site-Mémorial du Camp des Milles** eine Gedenkstätte (9 km westl., 40, chemin de la Badesse, campdes milles.org, tgl. 10.00–19.00 Uhr, Erw. 9,50 €).

INFORMATION

Office de Tourisme d'Aix-en-Provence, Les Allées Provençales, 300, avenue Giuseppe Verdi, 13605 Aix-en-Provence, Tel. 04 42 16 11 61, aixenprovencetourism.com

② Gréoux-les-Bains

Bereits die Kelten genossen die 42 Grad Celsius warmen Thermalquellen des charmanten Kurortes (2665 Einw.) am Verdon, den die Ruine der mächtigen Tempelritterburg überragt.

SEHENSWERT

Auf ihre Templer sind die Bewohner von Gréoux stolz, und sie stört es wenig, dass das **Château de Templier** (12. Jh.; heute mit Ausstellungen) nie im Besitz des Templerordens gewesen ist, sondern den Maltesern gehört hat. Seit 1967 staut der 54 m hohe Damm der Barrage de Gréoux den Verdon zum 3,28 km² großen **Lac d'Esparron** – zum Baden eignet sich hier gut die **Plage de Saint Julien**.

UMGEBUNG

Auf dem Hochplateau zwischen dem Tal der Durance und dem Lac de Sainte-Croix gedeiht der Echte Lavendel. Mitte Juli feiert **Valensole** (28 km nördl.) ein großes Lavendelfest.

Tipp

Sprudel für die Gesundheit

An der Stelle gallorömischer Quellgrotten erheben sich heute die **Thermes troglodytes** aus Kalkstein. Wer hier nicht Asthma, Rheuma- oder Traumaleiden kuriert, kann in Frankreichs drittgrößtem Thermalbad auch Wellness genießen.

Avenue du Verdon, 04800 Gréoux-les-Bains, Tel. 08 26 46 81 85

INFORMATION

Office de Tourisme, place de l'Hôtel de Ville, 04800 Gréoux-les-Bains, Tel. 04 92 78 01 08, greoux-les-bains.com

③ Moustiers Sainte-Marie

In den Gassen von Moustiers Sainte-Marie (710 Einw.) wird seit Jahrhunderten getöpfert.

SEHENSWERT

Von der einzigen Straße, die das Dörfchen durchzieht, zweigen Kopfsteingassen und Treppenwege ab hin zu lauschigen Plätzen, plätschernden Brunnen, Cafés, Restaurants und Kunsthandwerkläden. Zu den renommierten **Werkstätten** für Steingut gehören die Ateliers Bondil (place de l'église; faiencebondil.fr), Lallier (quartier Saint-Jean, lallier-moustiers-04. com) und Mufraggi (place Jean-Baptiste Pomey, faiencemufraggi.com). Über den Ziegeldächern thront die romanische **Chapelle-de-Notre-Dame** (12. Jh.), zu der 262 Stufen hinaufführen – von ihrer Terrasse schweift der Blick bis zum **Stausee Lac de Sainte-Croix**. Über der Kapelle hängt an einer 135 m langen Kette, die zwischen zwei Bergspitzen befestigt ist, ein vergoldeter fünfzackiger Stern – der Kreuzritter Blacas soll ihn einst der Muttergottes gewidmet haben.

MUSEUM

Traditionelle Fayencen, aber auch modernes Dekor zeigt das **Musée de la faïence** (rue du Seigneur de la Clue, moustiers.eu/Musee-de-la-faience, April–Okt. Mi.–Mo. 10.00–12.30, 14.00–18.00/19.00 Uhr, frz. Schulferien Mi.–Mo. kürzer; Nov.–März nur Sa./So.; 3 €).

ERLEBEN

Stand-up-Paddling, Fahrten per Elektro- und Segelboot auf dem **Lac de Sainte-Croix**, Wandern, Klettern, Canyoning in der **Verdon-Schlucht** – es gibt hier zahllose Varianten.

HOTEL

Die Zimmer sind klein, Parkplätze fehlen: Die traditionsreiche €€ **Auberge Le Relais** macht dies mit herzlichem Ambiente, urfranzösischer Küche und Charme wett (ave. de Lérins/Ecke passage du cloître, www.provenceweb.fr/04/le-relais/index.htm).

UMGEBUNG

Antike, Mittelalter und Renaissance treffen in den Bauten von **Riez** (15 km westl.) aufeinander, das von den Kelten gegründet wurde. Das Zisterzienserkloster **Le Thoronet** (ca. 60 km südl.) wurde von 1160 bis 1230 errichtet.

INFORMATION

Office de Tourisme, Maison de Lucie – place de l'Église, 04360 Moustiers Sainte-Marie, Tel. 04 92 74 67 84, moustiers.fr

④ Gorges du Verdon

Zwischen Castellane und dem Lac de Sainte-Croix hat sich der Verdon tief in den hellen Kalk gegraben und auf 21 km Länge Europas größte Schlucht geschaffen – spektakulär!

SEHENSWERT

Zwei Panoramastraßen erschließen die Schlucht, die **Gorges du Verdon** TOPZIEL. Am Nordufer leitet die D 952 zum Point Sublime und Belvédère de Mayreste. Ab La-Palud-sur-Verdon führt die Route des Crêtes (D 23) als große Runde zu weiteren schwindelerregenden Aussichtspunkten direkt an der Canyonkante. Die Panoramastraße des Südufers ist die Corniche Sublime (D 71) nach Aiguines – halten Sie an den Balcons de la Mescla, am Pont de l'Artuby und am Cirque de Vaumale, um einen Blick in die Tiefe zu riskieren.

MUSEUM

Wie eine Höhle im Fels hat Stararchitekt Lord Norman Foster das **Musée de Préhistoire des Gorges du Verdon** gestaltet, das die Vorzeit der Siedlungsgeschichte dieser Region lebendig dokumentiert (route de Montmeyan, Quinson, museeprehistoire.com, Juli/Aug. 10.00–20.00, April–Juni, Sept. bis 19.00, Okt. bis 15. Dez., Feb., März 10.00–18.00 Uhr, Erw. 8 €).

AKTIVITÄTEN

Klassiker der markierten Wanderwege ist der 18 km lange, anspruchsvolle **Sentier Martel** vom Chalet de la Maline zum Point Sublime (Markierung: rot-weißer Doppelbalken, Taschenlampe!). Am Südufer folgt der **GR 99** der gesamten Schlucht. Die wichtigsten Routen zum **Klettern** stellt der jährlich aktualisierte Führer der Klettervereinigung Lei Lagramusas vor (leilagramusas.fr).

Genießen   Erleben   Erfahren

DuMont Aktiv

Paddeln in den Gorges du Verdon

Mit wilden Bergbächen wie dem Verdon, Seen wie dem Lac de Sainte-Croix, sanften Flüssen wie der Sorgue oder mächtigen wie der Rhône, auch mit dem Mittelmeer ist die Provence eine Paddelregion par excellence.

Herrliche Paddelreviere sind der Lac d'Esparron und der stille Lac de Sainte-Croix, auf dem für viele die aufregende Paddeltour durch die Gorges du Verdon endet. Hier ist ein Wassersportparadies in XXL entstanden, das sich auf 22 Quadratkilometern ausbreitet. Durch die tiefste Schlucht Europas, die Gorges du Verdon, im Kajak oder Kanu zu paddeln, erfordert wegen der vielen Siphone Erfahrung. Hinter Castellane bietet der Fluss auf ca. 20 Kilometern noch leichtes bis mittelschweres Wildwasser. Den anschließenden Grand Canyon du Verdon prägt durchgängig schweres Wildwasser – echte Paddelcracks kommen hier auf ihre Kosten. Auf den Webseiten der Kanu-/Rafting-Anbieter finden sich im Sommer Vorhersagen zu den Wetterkonditionen für die nächsten Tage.

Ein paar Wassertropfen sollte Ihre Kleidung vertragen, die Schuhe sollten rutschfest sein. Sind Sie allein oder zu zweit unterwegs, nehmen Sie am besten ein Kajak. Im Kanu finden Familien bis zu vier Personen Platz.

Weitere Informationen

Geführte Touren & Leihboote Verdon:
Geführte Kanutouren: canoe-verdon.com. Rafting: Aboard Rafting, Castellane, Tel. 04 92 83 76 11, rafting-verdon.com; Canoraft auf Mittel- und Oberlauf, April–Okt., ab 33 € (2 Std.). L'Olimpide, Castellane, Tel. 06 88 40 09 33, canyoning.gorgesduverdon.eu, ab 35 €. Rafting Castellane, Tel. 92 83 67 24, rafting-castellane.com, 35 €.

Weitere Ziele für Canyoning/Rafting
Durance: AFDA Canoë Kayak, Base nautique, Lauris, Tel. 06 86 88 50 76, canoe-provence.com, 8-km-Tour 20 €.
Rhône: Canoe Vaucluse, Avignon, Tel. 06 11 52 16 73, canoe-vaucluse.fr, Tagesfahrt 19 €, Nachtfahrt 27 €.
Sorgue: Centre Aquatique et Sportif de la Cigalette, L'Isle-sur-la-Sorgue, Tel. 04 88 61 28 20, ccki.fr, Tagesfahrt 21 €, Nachtfahrt 24 €.

Die passende Ausrüstung für die Paddeltour halten meist die Verleiher bereit: Kanu und Kajak, Paddel und Schwimmweste, auch eine Box für Wertsachen!

Weltstadt- trubel an der Malerküste

Die Griechen, die Frankreichs älteste Stadt um 600 v. Chr. gründeten, haben den Standort gut gewählt. Ihre Siedlung gehört heute zu den aufregendsten Metropolen am Mittelmeer. Vor der Haustür liegen Landschaften zum Träumen: die malerischen Küsten der Calanques und der Côte Bleue. Im Hinterland versteckt sich die hügelige Heimat des Schriftstellers Marcel Pagnol.

Dieser Name kann sich sehen lassen: Die Rue de la République gehört zu den Prachtstraßen in Marseille. Sie führt vom Alten Hafen hin zu den revitalisierten Docks.

Adieu, schlechtes Image! Marseille erfindet sich im neuen Millennium neu. Die erfolgreiche Bewerbung als Kulturhauptstadt 2013 brachte einen dynamischen Wandel.

Rechts: Hoch hinauf geht es vom Hafen zur Kirche Notre-Dame de la Garde, die seit 800 Jahren auf dem Hügel über die Marseiller wacht.

Unten: Das Stadtzentrum rund um den Alten Hafen prägen auch die Zuwanderer.

Links: Wie ein Sprungbrett ragt die Villa Méditerranée an der neu gestalteten Mole J4 am Hafen von Marseille auf. Den dreigeschossigen Bau, der gerne mit einer Skulptur verglichen wird, entwarf der italienische Architekt Stefano Boeri.

Zum Kulturhauptstadtjahr 2013 schenkte sich Marseille das MuCEM, das Museum aller Mittelmeer-Kulturen.

Am Vieux-Port, dem Alten Hafen, setzt der Palais de la Bourse barocke Akzente in der Architektur.

Eine Stadt der Extreme, die in keine Schablone passt und die immer voller Farben sein wird.

Michel Henri, in: Libération

Eine Stadt der Extreme, die in keine Schablone passt, die nie steril sein wird, sondern immer voller Farben und Gerüche, oft arm, aber stets stolz. So beschreibt Michel Henri von der Tageszeitung *Libération* die Hafenstadt Marseille, die seit der Jahrtausendwende den wohl ambitioniertesten Stadtumbau Europas versucht. Als Kulturhauptstadt 2013 und Sporthauptstadt Europas 2017 zeigte sie erste Zwischenergebnisse; 2024 werden in Marseille die Olympischen Segelwettbewerbe ausgetragen. .

Ihr Image wandelt sich, doch noch immer verläuft durch die Stadt eine Trennlinie. Die Armen leben im Norden in Hochhausgettos, die Reichen im Süden in herrschaftlichen Villen mit Meerblick. Ein kleiner Maghreb ist Noailles, von „kleinen Leuten" und ihren Betrieben geprägt ist Le Panier. Ein schillernder Kosmos der Welt präsentiert sich hier, der Schriftsteller wie Marcel Pagnol und Jean-Claude Izzo inspirierte, Rap-Legenden wie IAM hervorbrachte und Modemacher wie Sessùn, Didier Parakian, Helena Sorel und Pellegrin & Fils zu international gefragten Designern machte.

Das neue Marseille glänzt

Jahrhundertelang waren Seefahrt, Handel und Schiffbau die Säulen für Wohlstand. Der Bau des Suezkanals 1859 ließ Marseille als Tor zum Orient boomen. Prachtmeilen und Prunkvillen der Belle Époque zeugen vom damaligen Reichtum. Der Niedergang des Marseiller Handelshafens aber entzog der örtlichen Industrie den Boden, fast die Hälfte der Arbeitsplätze ging zwischen 1975 und 1990 verloren. Die Arbeitslosenzahlen explodierten, der Drogenhandel wuchs, fast ein Drittel der Stadtfläche verwandelte sich in Industriebrachen.

Im Zuge der Ernennung zur Kulturhauptstadt wurde der drohende Verfall der Stadt beendet. Wahrzeichen des neuen Marseille ist die Euroméditerranée, das revitalisierte Hafen- und Werftviertel, für das Stararchitekten aufsehenerregende Architektur geschaffen haben: Foster + Partners entwarfen das Spiegeldach des Vieux-Port, Rudy Ricciotti das MuCEM – Musée des Civilisations d'Europe et de Méditerranée, Zaha Hadid den Turm der Reederei CMA CGM, Massimiliano Fuksas das Euromed Center. Ausdruck des Wandels von der Industrie zur Dienstleistungsgesellschaft sind auch die von Éric Castaldi sanierten Hafenspeicher, in die internationale Dienstleister wie France Télécom und BNP Paribas eingezogen sind.

Die 1,3 Kilometer lange Flaniermeile Rue de la République mit ihren Prachtbauten aus der Zeit von Napoleon III.

Marseille liebt Musik: Nicht nur in Vierteln wie Saint-Victor sorgen „Bandas" für Stimmung in den Straßen.

Die Mittelmeermetropole lockt auch die Pariser, die sich hier ihren angesagten Zweitwohnsitz sichern.

erstrahlt ebenfalls in neuem Glanz: verbreitert, mit 200 Bäumen bepflanzt und mit sandgestrahlten Fassaden.

Die Mittelmeermetropole lockt nun die Pariser. Sie sichern sich in Marseille eine Bleibe, ein angesagtes *pied-à-terre*. Denn dank des TGV ist die Hauptstadt nur drei Stunden entfernt.

Sauber, nachhaltig, sicher

Zeitgleich wurde ein Stadtradsystem mit mehr als 1000 Rädern an 130 Stationen aus der Taufe gehoben. Sehr umweltfreundlich sind auch die Segways, mit denen man Marseille aus einem anderen Blickwinkel kennenlernt: stylish und smart. Zwischen dem Rathaus und der Place aux Huiles pendelt ein Solarboot durch den Vieux-Port, und auch zu den Calanques geht es seit 2012 auf der MS Hélios mit Hybridmotor. Selbst den Müll bekommt Marseille immer besser in den Griff. Seit 2009 kontrolliert die Police de la Propreté die ordnungsgemäße Müllentsorgung. Stellt jemand seinen Abfallsack einfach vor die Haustür, droht ein Strafzettel.

Hotspot für Blockbuster

Marseilles Revival schlägt sich in den Besucherzahlen nieder. Seit 1995 haben sich die Gästezahlen verdoppelt und 2014 die Fünf-Millionen-Grenze überschritten. Der Kreuzfahrthafen von Marseille ist mit mehr als 500 Abfahrten die Nummer eins am Mittelmeer. Täglich werden in der Stadt Filme gedreht. Netflix betitelte seine erste in Europa produzierte Serie „Marseille" (mit G. Depardieu in der Hauptrolle): Sie lief 2016 an, eine zweite Staffel 2018.

Filmreife Calanques

Angelina Jolie und Brad Pitt ließen sich für ihren Film „By the Sea" 2015 von einer abgelegenen Bucht im Osten von Marseille inspirieren, mitten in den Calanques. „Calanco" bedeutet im Provenzalischen „zerklüftet", und das ist die Küste bis nach Cassis in geradezu paradiesischer Schönheit. Wie an einer Perlenkette reihen sich mal kleine, mal majestätische, von Klippen überragte Buchten aneinander. Kiefern klammern sich an den Fels, Zikaden zirpen, türkisblau und glasklar ist das Wasser. 2011 wurde das Naturschutzgebiet zum einzigen Nationalpark Frankreichs geadelt, der nun Land- wie Meereszonen schützt.

Die *cabanons*, die Fischer einst als einfache hölzerne Hütten errichteten, sind heute gefragte Feriendomizile. Im kleinen *port de plaisance* dümpeln bunte *pointus*, Fischerboote. Wenige Kilometer von der Canebière entfernt ist vom turbulenten Großstadtleben nichts

Marseilles Vieille Charité, einst als Haus für die Armen erbaut, ist heute ein interdisziplinäres Kulturzentrum im Panier-Viertel. Wie das Rathaus der Stadt wurde es von Pierre Puget, dem Architekten des Sonnenkönigs, geschaffen.

Mitte: Mit seiner Massivität behauptet sich das Fort Saint-Jean gegenüber den neuen spektakulären Bauten Marseilles am Hafen. Oben: Nicht weit entfernt von der Festung erstrahlt die Cathédrale de la Major in romanisch-byzantinischem Stil.

Von der Sonne verwöhnt und am Puls der Trends – Marseille entwickelt Magnetwirkung; auch mit den Terrasses du Port, wo sich die In-Labels aus der Mode versammeln.

Oben: Über Cassis erhebt sich das Schloss der Familie Michelin, heute ein edles „Chambre d'hôtes".

Mitte: Die *pointus*, bunte Holzsegler der Fischer, sind im Hafen von Sanary-sur-Mer fest vertäut.

Oben: Eine Büste des Dichters Marcel Pagnol steht gleich am Eingang zu seinem Geburtshaus in Aubagne.

Weiterhin ein beliebtes Motiv der Maler an der Küste:
die bunten Häuser an der Hafenpromenade von Cassis

An der Küste südöstlich von Marseille verbindet die Corniche des Crêtes die Metropole mit Cassis und La Ciotat –
spektakuläre Aussichten auf Fels und Meeresblau garantiert.

Savon de Marseille

Duftend grün

Wie Handschmeichler liegen sie in der Hand oder sie bestechen durch ihre feine rechteckige Form, die Savons mit den klangvollen Namen: Savon à la lavande, Savon au miel und Savon à l'olive.

Wer durch Marseille bummelt, entdeckt allerorten auch grüne Kuben: „Savon de Marseille" verrät ein Prägestempel. Und daneben, mal in größerer, mal in kleiner Schrift: 72 % *huile d'olive* (Olivenöl).

Leider sind Herstellung und Ingredienzien der echten Seife aus Marseille bis heute nicht geschützt. So gibt es viele Nachahmer, die – um den Verkauf anzukurbeln – Parfums hinzufügen oder gar, um noch mehr Gewinn zu machen, statt hochwertigem Olivenöl billiges Palmöl aus Asien verwenden.

Nur noch eine Handvoll Betriebe produziert tatsächlich weiterhin traditionell. Zu ihnen gehört die Savonnerie de la Licorne am Cours Julien in

Schon optisch wie haptisch eine Wohltat

Marseille (savon-de-marseille-licorne.com). Zehn Tage lang wird dort die Rohseife gekocht, dann mehrfach mit reinem Wasser gewaschen, getrocknet und schließlich werden mit einem gespannten Draht die berühmten olivgrünen Würfel geschnitten – wenn die Seife nicht in fantasievolle Formen gepresst wird. Den aufwendigen Ablauf kann man bei kostenlosen Führungen Montag bis Samstag anschauen – und im Duft schwelgen.

mehr zu spüren. Und doch ist man noch mit Marseille verbunden – denn die Calanques gehören zum Stadtgebiet.

Die Malerküste und das Hinterland

Bis Martigues erstreckt sich die Côte Bleue mit Pinien und Felsen und stillen Buchten. Auguste Renoir, Paul Cézanne, Raoul Dufy und auch August Macke zog es an die blaue Küste westlich von Marseille. Georges Braque malte Ansichten von L'Estaque. Später erreichte die Industrialisierung die Region. Nach Schließung der Fabriken sind die Franzosen zurückgekehrt und machen nun in den Badeorten ganz unter sich Urlaub.

Im hügeligen Hinterland hat Marcel Pagnol seine letzte Ruhestätte 1974 auf dem Friedhof in La Treille gefunden. Der Dichter hat dem Dörfchen mit „Der Ruhm meines Vaters" ein literarisches Denkmal gesetzt. Geboren wurde er 1895 in Aubagne im Schatten des Garlaban. Szenerien aus seinen Geschichten werden in der Cité de l'Art Santonnier Thérèse Neveu gezeigt. Seine Fans wandern von La Treille zur Bastide Neuve, in der Marcel ab 1904 glückliche Ferien verbrachte. Es gelang ihm nicht, sie zu erwerben, er kaufte aber das mit seiner Kindheit verbundene Château La Buzine. In dessen Kinosaal lassen sich nun Filme junger Regisseure entdecken.

Die schönsten Märkte

Südliches Flair für alle Sinne

Was gibt es Schöneres, als über die Märkte der Provence zu bummeln, an den Ständen Proben von lokalen Erzeugnissen zu kosten, den Einheimischen beim Einkauf zuzusehen und die Vielfalt des Angebotes, die Aromen und Düfte, das Stimmengewirr und südliche Flair mit allen Sinnen zu genießen? Die schönsten Märkte der Provence – sieben auf einen Streich!

3 Provencemarkt

Als typischer Wochenmarkt der Provence gilt der große Samstagsmarkt von Apt, der seit dem Mittelalter die nördliche Innenstadt um die Cours Lauze de Perret, Place Jean Jaurès, Place des Martyrs de la Résistance, Place Saint-Pierre, Place du Postel und Place de la bouquerie samt Seitenstraßen in Beschlag nimmt – mit bis zu 350 Ständen im Sommer. Dann ist der Besucherandrang so groß, dass extra ein kostenloser Shuttledienst zum Markt angeboten wird, der 1996 für seine Vielfalt und Authenzität als „marché d'exception français" ausgezeichnet wurde.

Apt, Innenstadt,
Sa. 8.00–13.00 Uhr, apt.fr

1 Markthallen

Der schnöde Bau von 1974, zum Platz hin mit vertikalem Garten begrünt, lässt von außen kaum ahnen, was für ein Schlaraffenland er im Innern birgt: Les Halles in Avignon – parken Sie bequem auf dem Dach der Markthalle! Ganz entspannt und urfranzösisch verläuft der Einkauf im Innern: Es gibt hier kein Gedränge, sondern vielmehr Zeit für einen Plausch, einen Kaffee, ein Glas Wein.

Zwischen frischem Obst und Gemüse steigt der Duft von knusprigem Baguette in die Nase, verbindet sich mit den würzigen Aromen hausgemachter Hartwurst und kräftigeren Noten, die vom Käsestand herüberwehen. So macht ein Marktbummel Spaß!

Avignon, Place Pie,
avignon-leshalles.com,
Di.–Fr. 6.30–13.30, Sa./So.
bis 14.00 Uhr

2 Antiquitätenmarkt

Das Städtchen L'Isle-sur-la-Sorgue gilt nach Paris als die wichtigste Trödel- und Antiquitätenmarkt Frankreichs. Händler wie Bruno Langlois (Foto) verkaufen hier Schränke und Tische, Stoffe und Textilien, Gemälde und Grafiken in ihren Geschäften, die mitunter bis unter die Decke mit Antiquitäten vollgestopft sind. Doch das ist noch lange nichts im Vergleich zum großen Antiquitätenfest, das L'Isle-sur-la-Sorgue seit 1966 zweimal im Jahr – zu Ostern und Mitte August – feiert: die Antique Art & You: Von edlem Antiken bis zum echten Schrott gibt es bei etwa 300 ausstellenden Händlern (fast) alles.

L'Isle-sur-la-Sorgue,
foire-isle-sur-sorgue.fr,
Ostern und Mitte Aug.

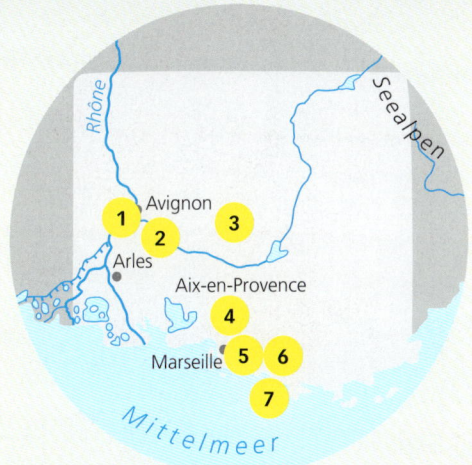

4 Blumenmarkt

Im Februar strahlen die Mimosen hellgelb in den Vasen, im Sommer konkurriert die Farbenpracht der Rosen mit den gebrochenen Tönen der Hortensien, im Herbst gesellt sich buntes Laub zu goldgelben Sonnenblumen, lila leuchtenden Astern und großblütigen Dahlien, im Winter verbreiten Christrosen, Ilex und rot blühende Poinsettie (Weihnachtssterne) weihnachtliches Flair: Der Marché aux Fleurs von Aix-en-Provence ist das ganze Jahr über ein Blütentraum. Auch, wer Kräuter sucht, wird hier fündig!

Aix-en-Provence,
Place de l'Hôtel de Ville,
Di., Do., Sa. 8.00–12.30 Uhr

5 Fischmarkt

Der legendäre Fischmarkt im Alten Hafen von Marseille ist etwas für Frühaufsteher. Jeden Morgen verkaufen die Fischer am Quai des Belges ihren Tagesfang – Seelachs, Seeteufel, Rotbarsch und Makrelen. Andere Händler haben sich auf Meeresfrüchte spezialisiert. Garnelen, Seeigel, Muscheln und mitunter auch die seltene Violet de Mer sind auf ihren hölzernen Auslagen zu finden. Doch nur, wer vor 9.00 Uhr kommt, kann sichergehen, alle Zutaten für die traditionelle Bouillabaisse noch hier zu finden!

Marseille,
Vieux-Port,
tgl. ab 6.00 Uhr

6 Töpfermarkt

„Argilla" nennt sich der größte Töpfermarkt Frankreichs, der in ungeraden Jahren im Sommer in Aubagne rund 200 Töpfer und Keramiker willkommen heißt. Fayence, Raku, Terrakotta, Steingut, Porzellan und glasierter Ton, Teller, Schalen, Schmuck und Figuren: Wie kein zweiter Markt spiegelt Argilla die künstlerische Vielfalt wider, die dem Naturmaterial Ton innewohnt. Zum lebendigen Fest wird der Markt u. a. durch die langen Donnerstage mit Musik und Tombola. Weitere Töpfermärkte gibt es in Bonnieux (Ende März) und Arles (Mai).

Aubagne, Innenstadt,
facebook.com/Argilla Aubagne, Juli/Aug. tgl. 10.00–20.00 Uhr

7 Alleenmarkt

50 Kilometer östlich von Marseille ist jeden Mittwoch Marktzeit. Dann verwandeln rund 320 Händler das Fischerstädtchen Sanary-sur-Mer in einen riesigen Freiluftmarkt. Entlang des Boulevard d'Estienne d'Orves, der Allee am nördlichen Hafenrand, und der Place de la Tour verkaufen sie nicht nur Obst und Gemüse, Fisch und Meeresfrüchte, Fleisch und Käse, sondern schlichtweg alles, was man im Alltag brauchen könnte, selbst Möbel, Spielzeug und Wäsche.

Sanary-sur-Mer,
Boulevard d'Estienne d'Orves,
Mi. vormittags

Multikulti am Meer

Seit der Antike begeistert Marseille die Menschen. Einwanderer aus aller Welt haben die Mittelmeer-Metropole geprägt. Ganz nah sind hier provenzalische Landschaften wie aus dem Bilderbuch: die Klippen der Calanques und die Côte Bleue, auch die Collines de Garlaban, die Marcel Pagnol zu literarischen Meisterwerken inspirierten.

❶ – ⓲ Marseille

Marseille (860 000 Einw.) entwickelt sich neu – mit Architektur zum Staunen, Shopping der Superlative und Kultur rund um die Uhr. Bis 2020 soll alles fertig sein.

SEHENSWERT

Gesäumt von Boutiquen, Bistros und Belle-Époque-Palästen strebt Marseilles Pracht-straße ❶ **La Canebière** zum ❷ **Vieux-Port** TOPZIEL, dem Alten Hafen mit seinen Aus-flugsschiffen, Jachten und Kuttern – ihren Fang verkaufen die Fischer morgens am Kai, neben dem Spiegeldach von Lord Norman Foster. Auf einem Hügel (154 m) hat die Kirche ❸ **Not-re-Dame de la Garde** mit der vergoldeten Jungfrau ihren Platz (rue Fort du Sanctuaire, notredamedelagarde.com, tgl. 7.00–18.15/19.15 Uhr). Für die Mühen des Aufstiegs ent-schädigt ein 360°-Panorama. Das Innere der byzantinischen Basilika ist wie ein Märchen aus 1001 Nacht. Am Nordufer des Alten Hafens wurde **Le Panier** zum Kulturhauptstadtjahr 2013 saniert. Das älteste Viertel der Stadt lockt heute mit mediterran-dörflichem Erbe und trendigem Zeitgeist. Über Gassen, steile Trep-pen und lauschige Plätze geht es vom Quai du Port zur ❹ **Vieille Charité** (2, rue de la Cha-rité, vieille-charite-marseille.com, Di.–So. 10.00–18.00/19.00 Uhr, Eintritt abhängig von Ausstellung, 1. So. im Monat frei), zu der ❺ **Cathédrale de la Major**, dem ❽ **Fort Saint-Jean** und zum ❼ **MuCEM – Musée de Civilisations de l'Europe et de la Méditer-ranée.** Den südlichen Eingang des Vieux-Port

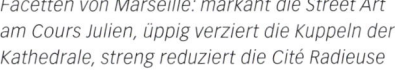

Facetten von Marseille: markant die Street Art am Cours Julien, üppig verziert die Kuppeln der Kathedrale, streng reduziert die Cité Radieuse

schmückt der ❾ **Jardin du Pharo,** den Napo-leon III. rund um ein Palais für Kaiserin Eugénie errichten ließ – mit Aussicht auf den Hafen. Traumhaft sind die Ausblicke von der 5 km langen Küstenpromenade **Corniche J. F. Kennedy,** die am Pharo beginnt und am Strand von Les Catalans endet. Weite Blicke er-öffnen sich vom Dachgarten der ⓮ **Cité Radi-euse,** die Le Corbusier als „vertikale Stadt" er-sann.

MUSEEN

Bereits seine spektakuläre Architektur verleiht Ziel und Inhalt der Sammlung des ❼ **MuCEM – Museum der Zivilisationen Europas und des Mittelmeerraums** TOPZIEL von Rudy Ricciotti Ausdruck (7, promenade Robert Laf-font, Tel. 04 84 35 13 13, mucem.org, Mi.–Mo. 11.00–18.00/19.00, Juli/Aug. 10.00–20.00, Mai bis Aug. Fr. bis 22.00 Uhr, Erw. 9,50 €). Wie die-ses eröffnete im Kulturhauptstadtjahr in der 1948 von den Architekten Champollion, Fernand Pouillon und René Egger erbauten Ge-sundheitsstation das ❻ **Musée Regards de Provence** (Allée Regards de Provence, avenue Vaudoyer, Tel. 04 96 17 40 40, museeregardsde provence.com, Di.–So. 10.00–18.00 Uhr, Erw.

4 €), das provenzalische Kunst des 19. und 20. Jh.s zeigt. Wie spannend und facettenreich heute das Kunstschaffen in der Provence ist, verrät der ❿ **FRAC PACA** in einem Neubau des japanischen Architekten Kengo Kuma (20, boulevard de Dunkerque, Tel. 04 91 91 27 55, fracpaca.org, Mi.–Sa. 12.00–19.00, So. 14.00 bis 18.00 Uhr, Erw. 5 €, So. frei). Zu Ehren des Trink-wassers, das ein 85 km langer Kanal von der Durance in die Stadt leitet, wurde das monu-mentale ⓫ **Palais Longchamp** errichtet. Heute birgt der Historismus-Prunkbau im rechten Flügel das **Museum für Natur-geschichte,** im linken Flügel das **Städtische Kunstmuseum** mit Gemälden, Skulpturen und Zeichnungen des 16. bis 19. Jh.s (bd. Jardin Zoologique, Tel. 04 91 14 59 30). Eine der bes-ten Sammlungen französischer Kunst der Jahre 1900 bis 1960 birgt das ⓬ **Musée Cantini** (19, rue Grignan, Tel. 04 91 54 77 75; alle drei: culture.marseille.fr, Link „Musées", Di.–So. 10.00–18.00 Uhr, Erw. 6 €, 1. So./Monat frei). Das ⓭ **Musée des Arts décoratifs, de la faïence et de la mode** widmet sich Möbeln,

Tipp

Pass Musées

Ein Jahr lang gültig ist der Museums-pass für Ausstellungen und Sonder-schauen von 15 Sammlungen. Mit dabei sind das MuCEM, das Musée Cantini, die Vieille Charité und das Kunstgewer-bemuseum Château Borély.

Verkauf in den angeschlossenen Museen, Erw. 45 €

Keramik, Tapisserien und weiteren schönen Objekten (Château de Borély, Parc de Borély, 132, avenue Clot Bey, musees-marseille.com). Stardesigner Ora-ïto eröffnete auf dem Dach der Cité Radieuse den ⑭ **Marseille Modulor** als 2500 m² große Bühne für Kunsttalente wie Fabrice Gygi (280, bd. Michelet, mamo.fr, Juli bis Sept. Mi.–Mo. 11.00–18.00 Uhr, Eintritt frei).

AKTIVITÄTEN

Entdecken kann man Frankreichs jüngsten Nationalpark der Calanques auf **Törns**, die am Vieux-Port starten (bleuevasion.fr), bei **Seekajakfahrten** (destination-calanques.fr), **Tauch- und Schnorcheltouren** (plongee-a-marseille. fr) sowie **Wanderungen** (s. DuMont Aktiv, S. 53). Aktive erkunden per **Stadtrad** Stadt, Küste und Hinterland auf markierten Radwegen und Voies Vertes (levelo-mpm.fr).

HOTELS

Am Cours Pierre Puget ist ein prachtvolles Stadtpalais in das Boutiquehotel €€€€ **C2** verwandelt (48, rue Roux de Brignoles, Tel. 04 95 05 13 13, c2-hotel.com). Wind inspirierte die Künstler von Pixtil Studio für das stylishe Chambre d'hôte €€ **Au Vieux Panier** (13, rue du Panier, Kontakt nur per E-Mail, auvieux panier.com, max. 4 Gäste; WLAN). Für die Cité Radieuse gestaltete Le Corbusier auch das €–€€€ **Hôtel Le Corbusier** mit 21 Zimmern.

Tipp

Köstliche Schiffchen

Navettes, Schiffchen, heißen die süßen Botschafter aus Marseille, die traditionell zu Mariä Lichtmess bei der Fête de la Chandeleur am 2. Februar gesegnet und genossen werden (s. auch Service). Das Geheimnis der Herstellung des länglichen Gebäcks wird seit 1781 streng gehütet: vom Four des Navettes nahe der Abtei Saint-Victor, die sich rühmt, Marseilles älteste Bäckerei zu sein, und von José Orsoni von Les Navettes des Accoules im Le Panier.

Le Four des Navettes, 136, rue Sainte, Tel. 04 91 33 32 12, fourdesnavettes. com; Les Navettes des Accoules, 68, rue Caisserie, Tel. 04 91 90 99 42, les-navettes-des-accoules.com

Die Küste entfaltet ihren Reiz mit Hafenorten wie Cassis (o.), der Innenstadt von La Ciotat (o. re.) und im Strandleben nahe Marseille (u.).

RESTAURANTS

Bei €€/€€€ **Chez Fonfon** gibt es zur Bouillabaisse den Paradeblick aufs Meer (140, rue du Vallon des Auffes, chez-fonfon.com). Mit vergessenen Fischsorten wie Galinette erkochte sich Gérald Passédat drei Michelinsterne im €€€/€€€€ **Petit Nice** (Anse de Maldormé, Corniche J. F. Kennedy, passedat.fr). Algerische Küche inszeniert €/€€ **Mina Kouk** in ihrem Minirestaurant mit Fantasie (21, rue Fontange, Tel. 04 91 53 54 55, minakouk.com).

AUSGEHEN/NACHTLEBEN

Le Silo lockt mit Tanz, Theater und Dachblick aufs Dockviertel (35 quai du Lazaret, cepacsi lo-marseille.fr). Das nahe **Théâtre Joliette-Minoterie** hat sich als Bühne für zeitgenössische Inszenierungen einen Namen gemacht (2, place Henri Verneuil, Tel. 04 91 90 07 94, theatrejoliette.fr). Die **Villa Méditerranée** neben dem MuCEM unterhält mit Ausstellungen, Kino und Vorträgen im Unterwasserauditorium (Esplanade du J4). Einblicke in Marseilles lebendige Subkultur bietet die ehemalige Tabakfabrik **Friche la Belle de Mai** mit Kino, Kulinarik und Events (41, rue Jobin, lafri che.org). Marcel Pagnol war Stammgast in der Hafenbar €/€€ **La Marine** (15, quai de Rive Neuve, Tel. 04 91 54 95 42). Nachts wird im **Bazar** abgetanzt (90, Boulevard Rabatau, bazar marseille.com).

EINKAUFEN

Selbst am Sonntag sind die 190 Läden und Lokale der **Terrasses du Port** geöffnet (9, quai du Lazaret, Tel. 04 88 91 46 00, lesterrassesdu port.com, 10.00–20.00 Uhr) – sie eröffnen weite Blicke aufs Mittelmeer. Gegenüber locken die 80 Shops des **Village des Docks** (10, place de la Joliette, lesdocks-marseille. com). Die Bögen der Kathedrale von Marseille bergen das Shoppingcenter **Les Voûtes de la Major** mit 39 edlen Geschäften und einer Markthalle mit Feinkostständen sowie schicker Brasserie (quai de la Tourette, lesvoutesdela major.com, tgl. 9.00–19.00 Uhr). Nahe dem Vieux-Port hat sich das **Centre Bourse** (17, cours Belsunce, centre-bourse.com, Mo.–Sa. 10.00–19.30 Uhr), Marseilles ältestes Einkaufszentrum, mit 60 Geschäften trendig verjüngt. Designerläden, Concept Stores wie Oogie und Produzenten von Klassikern wie der „Savon de Marseille" sind im Szeneviertel **La Plaine** zu finden. Den nahen **Cours Julien** prägen

(Lebens-)Künstler und alternative Szenelabels. Größtes Einkaufszentrum der Region Provence-Alpes-Côte d'Azur ist **Le Grand Littoral** (nördl. des Zentrums, 11, avenue de Saint-Antoine, grand-littoral.klepierre.fr).

UMGEBUNG

Von Wind und Wellen geformt sind vier Inseln aus Kalk in der Bucht von Marseille: ⑮ **Pomègues, Ratonneau, If** und ⑯ **Tiboulen** – das **Château d'If** machte Alexandre Dumas als Kerker des „Grafen von Monte Cristo" weltberühmt (Fähre ab Vieux-Port, Zugang nur bei ruhiger See, Tel. 04 91 59 02 30, chateau-if.fr, April–Sept. tgl. 10.00–18.00, Okt.–März Di.–So. 10.00–17.00 Uhr, Erw. 6 €). Der 25 km lange ⑰ **Küstenwanderweg der Côte Bleue** ab L'Estaque Richtung Martigues (s. auch Karte S. 64) führt durch eine Postkartenidylle (cote-bleue.com). Weiße Felsen, azurblaues Wasser: die ⑱ **Calanques** TOPZIEL, eine Kette von Minifjorden zwischen Marseille und Cassis, sind einzigartige Naturparadiese.

INFORMATION

Office de Tourisme et des Congrès de Marseille, 11, la Canebière, 13211 Marseille Cedex 01, Tel. 08 26 50 05 00, marseille-tourisme.com

⑲ Aubagne

Aubagne (47 200 Einw.) – im Dreieck Aix, Marseille und Toulon gelegen – ist Heimat von Marcel Pagnol (1895–1974), Hauptquartier der Fremdenlegion und Vorreiter beim kostenlosen öffentlichen Nahverkehr.

SEHENSWERT

Krippenbauer modellierten die Hügelland-schaft aus Pagnols Romanen nach, rekonstruierten Filmkulissen und bevölkerten diese mit 200 Santons – diese Welt hat ihren Platz derzeit in der **Cité de l'Art Santonnier Thérèse Neveu** (cour de Clastre). Im Geburtshaus **Maison Natale de Marcel Pagnol** ist seit 2003 eine Erdgeschosswohnung mit Möbeln authentisch eingerichtet (16, cours Barthélemy, Erw. 3 €; beide: tourisme-paysdaubagne.fr, Link „Musées et Monuments", Jan. bis März, Nov., Dez. tgl. 10.00–12.30, 14.00–17.30, April–Okt. bis 18.00 Uhr). Das **Château de la Buzine** ist heute die Maison des Cinématographies de la Méditerranée (labuzine.com).

MUSEUM

Kaum eine Armee ist so geheimnisumwittert wie die Fremdenlegion. Einblicke gewährt das **Musée du Souvenir de la Légion étrangère,** das ihre Geschichte seit 1831 nachzeichnet (Quartier Viénot, chemin de la Thuilière, musee.legion-etrangere.com, Di.–So. 10.00–12.00, 14.00–18.00 Uhr, Eintritt frei).

UMGEBUNG

Im Schatten des **Garlaban-Massivs** (6 km nördl.) führen Wanderwege durch die Landschaften, die Pagnol in seinen Filmen verewigt hat (Wanderführer im Office de Tourisme). Der Fels war einst für den Schiffbau abgeholzt worden. Die Büsche am Fels, die nun wieder daran wachsen, sind oft Opfer von Waldbränden. Wandern ist daher hier wie in mancher Bergregion der Provence im Juli/Aug. nicht gestattet.

INFORMATION

Office de Tourisme intercommunal, Pays d'Aubagne et de l'Étoile, 8, cours Barthélemy, 13400 Aubagne, Tel. 04 42 03 49 98, tourisme-paysdaubagne.fr

㉑ La Ciotat

Die kurvige Küstenstraße Route des Crêtes (15 km) führt von Cassis nach La Ciotat.

SEHENSWERT

Ein roter Felsen, der 155 m hohe Bec de l'Aigle (Adlerschnabel), überragt **La Ciotat.** Die Gebrüder Lumière drehten 1895 in La Ciotat einen der ersten Stummfilme der Welt: Die Ankunft eines Zuges auf dem Bahnhof. Heutiges Filmschaffen zeigt das alte **Eden Théâtre** (25, bd. Georges Clemenceau, edencinemalaciotat. com, Erw. 7,50 €).

UMGEBUNG

Cassis (10 km westl.), einst ein Fischerstädtchen, lockt mit schönen Stränden. Intellektuelle und Künstler, darunter Thomas Mann, Bertolt Brecht und Lion Feuchtwanger, entdeckten in den 1930er-Jahren **Sanary-sur-Mer** (30 km östl.) und machten den Küstenort zur Hauptstadt der deutschen Literatur im Exil.

INFORMATION

Office de Tourisme, boulevard Anatole France, 13600 La Ciotat, Tel. 04 42 08 61 32, de.laciotat.info

Genießen   Erleben   Erfahren

DuMont
Aktiv

Wandern in den Calanques

Im Südosten von Marseille säumt eine Kalksteinwildnis die Küste, die 20 Buchten zerschneiden – traumhaft schöne Calanques, über denen der Mont Puget (564 m) thront. 150 Kilometer Wanderwege erschließen den Naturpark, der sich am Meer entlangzieht – und ins Wasser hinein.

Der gesamten Calanques-Küste folgt der Weitwanderweg GR (Grande Randonnée) 98/51, der mal in Sichtweite des Wassers, mal im Hinterland verläuft. Geübte Wanderer brauchen elf Stunden von der Calanque de Callelongue bis nach Cassis. Schöner ist es, sich mehr Zeit zu lassen – und mit dem Bus (Linie 21) von Marseille bis zur Endhaltestelle Luminy zu fahren. Dort beginnt gleich der markierte, rund 18 km lange Weg, der vorbei am Col de Sugiton zum 2,3 km entfernten Belvédère de Sugiton führt – atemberaubend ist von hier die Aussicht auf die Calanque de Morgiu und die ferne, östlich liegende Île des Embiez. Erst folgen Sie einem kleinen Saumpfad, dann einer befestigten Straße hinab zur Badebucht der Calanque de Sugiton.

Von dem Col de Sugiton geht es in Richtung Cassis (15 km) via Œil de Verre, Val Vierge, Devenson und der malerischen Bucht von En Vau zur Calanque de Port-Pin, der kleinsten und grünsten der drei Calanques. Dem Hauptweg folgend, erreichen Sie kurz vor Port-Miou Steinbrüche, in denen seit der Antike Kalkstein geschlagen wurde. 1720 begann der kommerzielle Abbau, um 1855 wurde in 30 Steinbrüchen gearbeitet. Der Stein fand auch im Sockel der Freiheitsstatue in New York Verwendung. Der alte Arbeitsweg des Steinbruchs endet heute am Freizeitkomplex „La Prêsqu'île" mit Tennisplätzen, Planschbecken und dem legeren Strandlokal Plage Bleue. Als ein Schlenker folgt der Sentier du Petit Prince, ein Naturpfad, um das Cap Câble mit elf Infotafeln zu Flora, Fauna und Geschichte der Region. Vorbei an der Kapelle Notre-Dame du Bon Voyage und dem Viersternehotel Roches Blanches gelangen Sie am Ufer der kleinen Bucht, der Anse de la Grande Mer, nach Cassis, wo sich am Hafen dicht an dicht die Terrassencafés drängen.

Beim Weg über die Klippen der Calanques bleibt das Meer immer im Blick.

Weitere Informationen
Karte: IGN, Carte de Loisir de Plein Air, Les Calanques des Marseille à Cassis, Maßstab 1 : 15.000, ignrando.fr/boutique/les-calanques-de-marseille-a-cassis.html

Zugang Calanques: Je nach Witterung im Sommer in drei Risikostufen unterteilt:
• Orange: Fußgänger können den gesamten Tag lang frei das gesamte Massiv betreten.
• Rot: Der Zugang ist von 6.00 bis 11.00 Uhr im 200 Meter breiten Küstenstreifen erlaubt.
• Schwarz: Spaziergänge sowie das Fahren und Parken von Fahrzeugen sind den ganzen Tag über verboten. Info-Tel.: 0811 20 13 13.

Auf eigene Faust: In den Rucksack gehören Sonnenschutz, Wasser (mind. 2 l) und Proviant, auch Schutzkleidung gegen Kälte, Wind, Regen – das Wetter kann schnell umschlagen.

In der Weite des Deltas

Römische Relikte, mittelalterliche Kirchtürme, das breite Band der Rhône und ein blauer Himmel: Die Fülle von Motiven in Arles löste bei Vincent van Gogh die kreativste Phase seines Schaffens aus. Vor den Toren der Stadt erstreckt sich eine der eigentümlichsten Landschaften der Provence: die Camargue.

Bei der Wallfahrt in Les Saintes-Maries-de-la-Mer tragen Roma Prozessionskreuze bis ins Meer. Über das Wasser war einst ihre Schutzheilige, die heilige Sara, in die Camargue gelangt.

Im riesigen Oval der Arena von Arles ließen sich in römischer Zeit bis zu 20 000 Menschen von Gladiatorenkämpfen faszinieren.

Die Kultur „stellt das gemeinsame Erbe der Menschheit dar und sollte zum Nutzen gegenwärtiger und künftiger Generationen anerkannt und bekräftigt werden."

Deklaration der UNESCO, Leitsatz Les Suds

Arles zelebriert die Leichtigkeit des Seins. Ob die Römer dies schon so praktizierten? Denn nachdem Kelten hier gesiedelt und Griechen aus Massilia die Region kolonisiert hatten, prägten drei römische Kaiser die Stadt – Julius Cäsar, Augustus und Konstantin. Mit 50 000 Einwohnern war Arles in der Antike eine Großstadt. Wie prachtvoll sie ausgestattet war, verraten 112 Stätten, die als nationales Kulturerbe geschützt sind. Alle römischen und romanischen Bauten der Stadt gehören heute zum Welterbe der UNESCO. Doch wirkt das Ganze kaum museal. Im Gegenteil: Das Rom Galliens vibriert, pulsiert, es inspiriert.

Muse der Künstler

Nicht nur Vincent van Gogh, auch der Stierkampffan Pablo Picasso wurde von Arles angezogen. 1971 schenkte er dem dortigen Musée Réattu 57 Zeichnungen. Der Fotograf Lucien Clergue begegnete dem spanischen Maler in Arles 1953 – dies war der Beginn einer 20 Jahre andauernden Freundschaft. Im Jahr 1969 gründete Clergue die „Rencontres photographies", die zum Fotofestival mit weltweiter Strahlkraft aufstiegen. Von Juli bis September rollt Arles nun jährlich für die besten Fotografen und Nachwuchstalente den roten Teppich aus,

zeigt ihre Werke und experimentiert mit Trends und Themen. Annie Leibovitz, Raymond Depardon, Nan Goldin, Martin Parr und andere Weltstars haben in Arles ihre Karriere begonnen.

Modeschöpfer Christian Lacroix entdeckte beim Besuch des Musée Réattu in Arles seine künstlerische Berufung. Sein schönstes Geschenk an seine Heimatstadt ist die Gestaltung des Hôtel Jules César im einstigen Karmeliterkonvent: 2014 verwandelte er es in eine farbenfrohe Luxusherberge.

Mekka der Weltmusik

Im Juli feiert und tanzt Arles zu den Klängen von „Les Suds". Das Festival hat sich seit 1995 als Gipfeltreffen der Weltmusik etabliert. Von zehn Uhr früh bis nachts um vier locken Musiker wie Danyèl Waro, Bachar Mar-Khalifé und Anour Brahem zu einer musikalischen Weltreise, die alle Grenzen und Genres überschreitet. Die mehr als 60 Konzerte sind blitzschnell ausverkauft, sobald das neue Programm online ist.

Arles ist Kultur, das ganze Jahr über. Der Verlag Actes Sud hat Erfolgsautoren wie Laurent Gaudé unter Vertrag, das Musiklabel Harmonia Mundi einige der besten Klassikensembles. Die staatliche Fachhochschule der Fotografiekunst ENSP in Arles ist die einzige Hochschule

Links: Die Benedikti-
nerabtei Montmajour
war im Mittelalter Ziel
von Wallfahrten.
Rechts: Idealer Platz
für eine Kaffeepause
bei der Tour durch
Arles

Romanik in herausragender, beeindruckend
schöner Form: Portalfiguren an der Kirche
St-Trophime in Arles

Mitte: Die Place de la République in Arles ziert ein aus Ägypten stammender Obelisk.
Unten: Vom Kreuzzug des Godefroy de Bouillon erzählen die Wandteppiche in St-Trophime.

Ein großes Spektakel, das sich alljährlich im Mai in Les Saintes-Maries-de-la-Mer ereignet, ist die Wallfahrt der Sinti und Roma zur schwarzen Sara. Für die Teilnehmer spielt, wie bei allen Wallfahrten, auch das Wiedersehen aus diesem Anlass eine große Rolle.

Rechts: In einer großen Prozession wird die Figur der schwarzen Sara von den Fahrenden aus der Krypta der Wehrkirche zum Wasser gebracht.

Links: Die Tracht zeichnet die Frauen als zu den „Gardians" gehörend aus, die bei der Prozession teilnehmen.

Den „Gardians" auf ihren weißen Camargue-Pferden ist es bedeutende Aufgabe, den Wallfahrern den Weg zu bahnen.
Tausende Schaulustige säumen in dieser Zeit die Straßen von Les Saintes-Maries-de-la-Mer.

> Im Süden werden die Sinne erregt, wird die Hand gewandter, das Auge schärfer, das Hirn klarer.
>
> Vincent van Gogh, Arles 1888

ihrer Art in Frankreich, die Fachhochschule MoPA gilt als weltweit beste Hochschule für 3-D-Animation.

Damit Arles auch in den Neuen Medien die Nase vorn hat, errichtet die LUMA-Stiftung der Schweizerin Maja Hoffmann auf dem Gelände ehemaliger Bahnwerkstätten der SNCF ein „weltweit einzigartiges Kreativzentrum für digitale Bilder" – so die Roche-Erbin, die bereits erste Projekte eröffnet hat. 2020 soll alles fertig sein. Wahrzeichen des Parc des Ateliers ist eine 56 m hohe Turmskulptur des US-Architekten Franck Gehry.

Tierische Spektakel

Der Zukunft zugewandt und doch tief in den Traditionen verwurzelt: Dazu gehört in Arles die Begeisterung für die Stiere, das *Fé di biou,* das bis heute ungebrochen ist. Auch Pierre Boudin (1899–1988) fühlte sich den schwarzen Tieren stark verbunden. Als erster französischer Stierkämpfer reüssierte er nicht nur in der Heimat, sondern auch in Spanien. Er wurde Leiter der Stierkampfarena in Arles und rief 1952 die Oster-Feria ins Leben. Jede Feria ist eine Fiesta, die die ganze Stadt erfasst, jede Corrida im antiken Amphitheater ein kollektiver Blutrausch, der mit dem Tod des *taureau* endet. Unblutig hingegen ist die Course Camarguaise, bei der der

weiß gekleidete *raseteur* dem Stier ein zwischen den Hörnern gespanntes Band abnehmen muss. In die Arenen werden die Stiere von berittenen Hirten getrieben, die alljährlich am ersten Mai ihre „Fête des Gardians" feiern – dazu gehören eine Prozession durch die Stadt, die Huldigung am Frédéric-Mistral-Denkmal und eine Messe in provenzalischer Sprache in der Cathédrale Notre-Dame de la Major. Organisiert wird die Feier von der „Confrérie des Gardians", die 2012 ihr 500-jähriges Bestehen beging.

Nur wenig jünger ist die „Course de Satin": Seit 1529 kämpfen die besten Züchter der Camargue-Pferde um den Sieg – geritten wird ohne Sattel! Der Sieger darf sich ein Jahr lang mit dem begehrten Seidenschal schmücken.

Weiden neben Wüsten

Zwischen Arles und dem Mittelmeer rahmt grünes Schilf stille Weiher. Die Rhône hat mit ihrem Delta fruchtbares Land geschaffen. Jährlich findet in der Camargue, einem mystischen Landstrich, die Wallfahrt von Sinti und Roma statt.

Das alte Delta der Durance bildet zwischen Arles, Salon-de-Provence und der Bucht von Fos dagegen die letzte Steppe Westeuropas. Schäfer ziehen mit ihren Herden durch die Crau-Ebene. Im Norden hat der Canal de Craponne das

Trotz der immer stärkeren
Erschließung hat sich das
Sumpfgebiet zwischen Arles
und dem Mittelmeer seinen
ursprünglichen Charme bewahrt:
Schwarze Stiere grasen auf der
Weide, ...

... während sich das Camargue-Pferd vorsichtig
schnaubend in flirrender Hitze nähert.

Grazil staken die Flamingos durch einen Weiher in der Camargue. Ihre Konturen lösen sich
im Sonnenlicht in einem kräftigen Rosa auf.

Im Naturpark Camargue bestimmt der Wechsel aus Sümpfen, Weiden und Lagunen die Landschaft, die den halbwilden weißen Pferden einen Lebensraum bietet.

Oliven

Special

Grüne pikierte Früchte

Der Süden der Provence ist die Heimat der Olive: Fast eine Million Olivenbäume wächst allein im Département Bouches-du-Rhône.

Die Griechen brachten sie ins Land: Olivenbäume. Kultiviert werden hier sechs Sorten – von der kleinen länglichen Picholine mit kräftig grüner, glatter Haut und festem Fleisch bis zur runden, fruchtig zarten Grossane, die schnell reift und mit Salz pikiert wird. Die fruchtige Bérruguette wird vorwiegend zur Ölherstellung genutzt, die grüne, birnenförmige Salonenque zum Zubereiten gebrochener Oliven *(olives cassées)* verwendet. Typisch für die länglich zugespitzte, dunkelgrüne Lucques sind die Höcker an der Krümmung ihrer glatten Haut. Das Grün der Verdale zieren weiße Punkte.

Die Sorten lassen sich gut unterscheiden, die vielen Zubereitungsarten kaum. Was nicht in der Ölmühle landet, wird in Salzlake mit

Feines Olivenöl aus den Alpilles

oder ohne Fenchel gebadet, mit Kräutern oder Gewürzen versehen, gebrochen, pikiert oder mit Sardellen, Kapern, Senf und Olivenöl fein püriert und als Tapenade auf kleine Toastscheiben gestrichen. Dazu ein kühler Rosé: L'Apéro à la provençale!

Die Olivenhaine um Les Baux liefern eines der besten Olivenöle des Landes, kaum ein Souvenir- und Feinkostladen, der nicht ein paar Flaschen vom gelben Gold teuer verkauft.

wüstenartige Terrain im 16. Jahrhundert in ein grünes Paradies verwandelt, das für die Rinder- und Stierzucht genutzt wird. Turmfalken haben hier ihre Heimat. Am Horizont geraten Kalksteinspitzen und Kiefernwälder in den Blick – Les Alpilles, das Minigebirge der Provence.

Ein Geschenk für die Grimaldi

Ein Spalier von Platanen säumt die Straße von Tarascon nach Saint-Rémy-de-Provence, ein Städtchen voller Flair und vieler Promis. Nostradamus wurde hier geboren, Vincent van Gogh im Krankenhaus behandelt. Caroline von Monaco zog sich mit ihren drei Kindern hierhin zurück. Das Örtchen ist lang und eng mit der Familiengeschichte verbunden: 1641 war es den Fürsten als Dank für die Vertreibung der Spanier übergeben worden.

Contenance im Gedränge

Auf der Bergstraße hinauf nach Les Baux staut sich der Verkehr, es wird wild geparkt, genauso rigoros der Strafzettel ausgestellt. Die Franzosen nehmen es sportlich. Oben angekommen, drängen sich die Ausflügler in den Gassen zur Burg, die auf einem 200 Meter hohen Plateau errichtet ist – noch als Ruine ist sie flächenmäßig die größte Frankreichs und im Sommer Bühne für Ritterspiele, die Familien von weit her locken!

FLEUR DE SEL

Weißes Gold aus der Pfanne

Helle Hügel ragen hoch in den Himmel, über flachen Becken flirrt die Landschaft in der Hitze und der Duft von Kräutern flirtet mit der salzigen Würze des Meeres: So präsentieren sich die marais salants, die Salzgärten. Sie sind die Heimat der Fleur de Sel.

Der Blick vom Salzberg verliert sich über der kilometerlangen Reihung von Salzpfannen am Horizont.

Schon die Römer gewannen in der Camargue Salz. Noch im Mittelalter wurden hier 17 Salinen betrieben und das weiße Gold wurde über die Rhône verschifft. 1286 entdeckte König Philipp IV. das Salz der Camargue als idealen Rohstoff für eine neue Steuer und führte die *gabelle* ein. Diese Salzsteuer zwang jeden Franzosen, der älter als acht Jahre war, wöchentlich eine Minimalmenge an Salz zu einem festgesetzten Preis zu kaufen.

Erst 1790, während der Französischen Revolution, wurde das Staatsmonopol auf Salz durch ein Dekret der Assemblée constituante, der verfassunggebenden Versammlung, abgeschafft. Heute liegt die Salzgewinnung der Camargue in den Händen der Groupe Salins. Ihre strahlend weißen Salzberge der Salins du Midi spiegeln sich bei Aigues-Mortes in der Lagune. Vor der alten Festungsstadt wurde ein kilometergroßes Gebiet für die Speisesalzgewinnung reserviert. Vorwiegend Industriesalz wird dage-

gen in den Salinen südlich von Salin-de-Giraud abgebaut. 50 000 Tonnen *sel solaire* der Salinen am Étang de Berre kennen nur einen einzigen Verwendungszweck: Sie landen im Winter als Streusalz auf den Straßen.

Reinstes Handwerk
Doch ob Speise- oder Industriesalz: Gewonnen wird es noch immer wie vor 2000 Jahren. An der Salzherstellung beteiligt sind nur das Meer, die Sonne und der Mensch. Über ein ausgeklügeltes Bewässerungssystem wird ab März das Meerwasser aus dem Mittelmeer in die Salzpfannen

gepumpt. Unter Einwirkung der Sonne und der Mistralwinde, die im April/Mai über die Becken fegen, verdunstet es rasch. Im Sommer legt sich der Wind, die Hitze steigt – teils auf mehr als 40 Grad Celsius.

Jetzt kristallisieren an der Oberfläche der Becken feinste Elemente. Das Ergebnis ist milder und mineralreicher, knuspriger und zugleich feuchter als gewöhnliches Tafelsalz. Diese hauchdünne Schicht aus unterschiedlich großen Kristallen lässt Sterneköche und Gourmets schwärmen: Sie bildet die *fleur de sel,* die besonders aromatische „Salzblume". In der

Oben: Aus den Salins du Midi
bei Aigues-Mortes gewinnen die
Betreiber jährlich 1,6 Mio. Tonnen
Meersalz.

Links: Wer die 20 Meter hohe Kuppe
des Salzkegels („camelle de sel")
erklommen hat, steht auf 60 000
Tonnen Salz.

Kühle des Morgens erntet sie der
saunier, der Salzbauer, behutsam mit
einer *lousse,* einer Art Schaumlöffel,
legt sie vorsichtig in einen geflochte-
nen Korb und lässt sie trocknen.

Bei einer Führung durch die Salzgärten der Salins du Midi greift der
Führer plötzlich in zwei der Hügel
und streut je etwas Salz in die Hand.
Voilà – in der linken Hand sind die
Flocken so fein, dass kaum grobe Kör-
ner zu spüren sind: allerfeinste Fleur
de Sel. In der rechten Hand wird das
Reiben zum Peeling: Grobes Sel Gris,
graues Salz, das Grundsalz der Küche – Fleur de Sel ist die Kür!

Fakten & Informationen

....

Salins du Midi
Aigues-Mortes, RD 979 Richtung Grau-Du-Roi,
visitesalinsdecamargue.com
Salzbergbesteigung: nur bei einer Tour mit dem Petit
Train, Juli/Aug. halbstündl. 10.00–12.00, 13.30–17.30 Uhr,
sonst weniger Fahrten, Erw. 10,30 €; geführte MTB-Touren
(3 Std.) 22 €, mit Leihrad 29 €; Salzspaziergang mit Natur-
führer (2 Std.) 18 €

Salin-de-Giraud
Mitte Juli–Ende Aug. Mi. 8.30 –10.30 Uhr, Erw. 15 €,
Start: Aussichtspunkt in Salin-de-Giraud,
Tel. 04 66 73 40 24, visitesalindegiraud.com

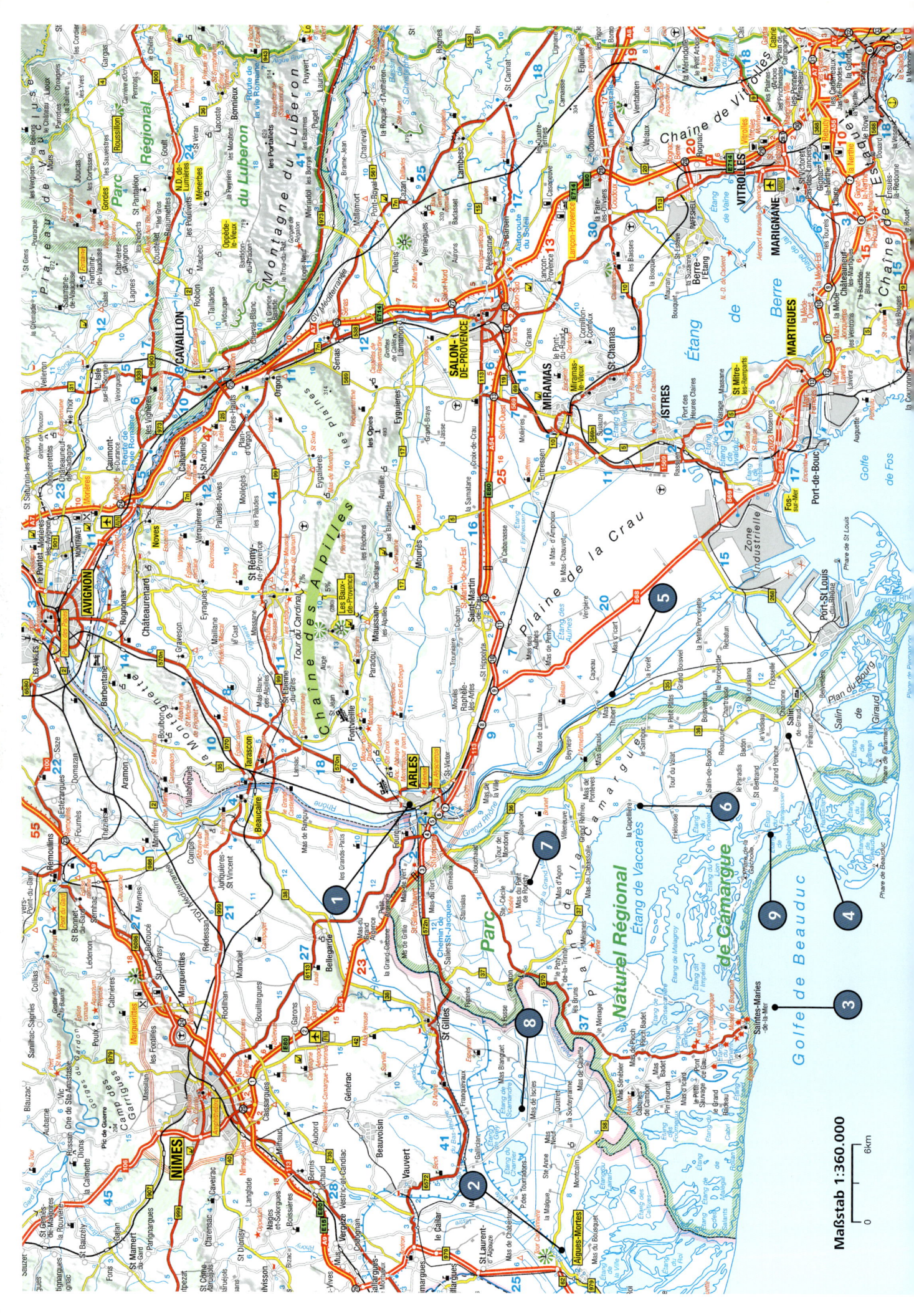

Maßstab 1:360.000

0   6km

Als Welterbe geadelt

Die Römerstadt Arles ist das Tor zur Camargue, einer Region mit ausgedehnten Salinen, Heimat von weißen Pferden und rosa Flamingos und Zuchtgebiet der schwarzen Stiere, die bei der Feria in Arles für atemlose Spannung und Volksfeststimmung sorgen.

❶ Arles

Gleich mehrfach ist die Stadt (53 600 Einw.) ins Welterbe der UNESCO eingetragen – als Startpunkt der Via Tolosana, einer der französischen Jakobswege nach Santiago de Compostela, und als urbanes Freilichtmuseum mit Überresten des 46 v. Chr. von Julius Cäsar gegründeten Oppidum, aber auch mit Meisterwerken romanischer Kunst.

SEHENSWERT

Das **Amphitheater** (rond-point des Arènes, arenes-arles.com, April, Okt. tgl. 9.00–18.00, Mai–Sept. 9.00–19.00, Nov.–März 10.00–17.00 Uhr, Erw. 9 €), in dessen riesigem Oval im 1. Jh. Zehntausende Zuschauer auf 34 Rängen Platz fanden, bebt heute unter den Hufen der schwarzen Stiere bei den Ferias an Ostern und im September. Westlich der Arena entstand Ende des 1. Jh.s das **Antike Theater** unter Kaiser Augustus – während der Sommermonate heute eine Freilichtbühne für Konzert und Theater (rue du Cloître, Tel. 04 90 18 41 20, patrimoine.ville-arles.fr, Link „Quartiers.../ L'Hauture", April, Okt. tgl. 9.00–18.00, Mai bis Sept. 9.00–19.00, Nov.–März 10.00–17.00 Uhr, Erw. 9 €). Als Meisterwerk der provenzalischen Romanik gilt die **Kathedrale St-Trophime** (12. Jh.), deren Portal im Tympanon den segnenden Christus und im Fries darunter das Jüngste Gericht zeigt. Achten Sie im Kreuzgang (12. Jh.) auf die enorme Vielfalt in der Gestaltung der Skulpturen und Kapitelle (April, Okt. tgl. 9.00–18.00, Mai–Sept. 9.00–19.00, Nov. bis März 10.00–17.00 Uhr, Erw. 5,50 €). Bereits 30 bis 20 v. Chr. entstand der **Kryptoportikus** des Forums, unterirdische Gewölbe im Herzen der Stadt (Zugang: Rathaus, April, Okt. tgl. 9.00–18.00, Mai–Sept. 9.00–19.00, Nov.–März 10.00–17.00 Uhr, Erw. 4,50 €). Erst Ende des 19. Jh.s wurden die **Konstantin-Thermen** ausgegraben – sie gehören zu den besterhaltenen antiken Bädern der Welt (rue du Grand Prieuré, April–Okt. 9.00–18.00/19.00, Nov.–März 10.00–17.00 Uhr, Erw. 4 €). An der mittelalterlichen Nekropole **Alyscamps** (südöstl. des Zentrums; April, Okt. tgl. 9.00 bis 18.00, Mai–Sept. 9.00–19.00, Nov.–März 10.00 bis 17.00 Uhr, Erw. 4,50 €), deren Weg Hunderte von Sarkophagen säumen, begann einst die Wallfahrt nach Santiago de Compostela. Mehr als 50 prunkvolle **Stadtpaläste** zeugen vom Reichtum der Stadt. Wahrzeichen des zukunftsgewandten Arles sind die einstigen

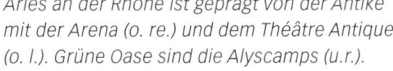

Arles an der Rhône ist geprägt von der Antike mit der Arena (o. re.) und dem Théâtre Antique (o. l.). Grüne Oase sind die Alyscamps (u.r.).

Eisenbahnwerkstätten der SNCF, wo Frank Gehry den **LUMA-Turm** als Sitz der Schweizer Stiftung errichtet und Selldorf Architects aus New York fünf Hallen saniert haben – 2020 soll die Verwandlung der 10 ha großen Industriebrache als Kaderschmiede und Schaufenster der Kreativen abgeschlossen sein (Parc des Ateliers, 33, avenue Victor Hugo, luma-arles. org, Fr.–So. 11.00–18.00 Uhr). Bereits geöffnet ist die 5000 m² große Grande Halle, die zeitgenössische Kunst und Kultur zeigt. Die Nordfassade schmückt eine 2800 m² große digitale Projektionsfläche – Europas größter Bildschirm.

MUSEEN

Im Trinquetaille-Viertel am rechten Ufer der Rhône wurde 2008 die bislang einzige Büste von Julius Cäsar entdeckt, die zu seinen Lebzeiten entstanden ist. Sie gehört heute zu den Höhepunkten des **Musée départemental Arles antique.** Zweites Highlight der 480 Exponate ist Arles-Rhône 3, ein 31 Meter langer Frachtkahn aus den Jahren 50 bis 60 n. Chr. Im Außenbereich erinnert ein „Hortus" an römische Gartenbaukunst (Presqu'île du cirque

romain, Tel. 04 13 31 51 03, arles-antique.cg13. fr, Mi.–Mo. 10.00–18.00 Uhr, Hortus: April–Sept. Mi.–Mo. 10.00–19.00, Okt.–März Mi.–Mo. 10.00 bis 17.30 Uhr, Erw. 8 €, 1. So. im Monat frei, Hortus: Eintritt frei). Die ehemalige Komturei des Malteserordens (15. Jh.), Atelier-Anwesen des Malers Jacques Réattu (1760–1833), birgt seit 1868 das **Städtische Kunstmuseum Réattu.** Zu seinen Schätzen gehören neben Réattus Gesamtwerk Zeichnungen und Gemälde von Pablo Picasso, Plastiken u. a. von Germaine Richier (1902 bis 1959) sowie 67 Haute-Couture-Zeichnungen, die der Stardesigner Christian Lacroix (geb. 1951) dem Museum geschenkt hat. Hörkunst, Fotografie und Architektur runden die Sammlung ab (10, rue du Grand Prieuré, Tel. 04 90 49 37 58, museere attu.arles.fr, März–Okt. Di.–So. 10.00–18.00 Uhr, Nov.–Feb. bis 17.00 Uhr, Erw. 6 €). Die **Fondation Vincent van Gogh** lädt zum schöpferischen Dialog: Wie interpretieren zeitgenössische Künstler das Werk van Goghs? (35 ter, rue du Docteur Fanton, Tel. 04 90 93 08 08, fondation-vincentvangogh-arles.org, Mitte

April–Sept. tgl. 11.00–18.00, März, Okt. Di.–So. 11.00–18.00 Uhr, Erw. 9 €). Der provenzalischen Geschichte und Kultur widmet sich das von dem Dichter Frédéric Mistral (1830–1914) gegründete **Museon Arlaten,** das bis Ende 2019 grundsaniert wird (29–31, rue de la République, museonarlaten.fr).

VERANSTALTUNGEN

Seit mehr als 500 Jahren feiert Arles alljährlich am 1. Mai das **Fest (Fête) der Gardians.** Höhepunkt des Trachtenfestes **Pegoulado** am 1. Julisonntag ist ein festlicher Umzug. Am Montag folgt mit der Cocarde d'Or das Stierwettrennen der **Course Camarguaise.** Blutiger geht es bei den Stierkämpfen zu (der **Feria** zu Ostern und **Feria du Riz** im Sept.). Im Juli finden die **Rencontres de la Photographie** (rencontres-arles.com) statt wie auch das **Festival Les Suds** (suds-arles.com/fr).

HOTELS

Ländliches Provence-Flair in der City bietet das **€ / €€ Hôtel Saint-Trophime** in 20 stilvollen Zimmern (6, rue de la Calade, hotel-saint-trophime.com). Designliebhaber schwärmen vom mutigen Mix der Farben im **€€ / €€€ Hôtel du Cloître** (18, rue du Cloître, hotelducloitre.com). Eine Legende ist das **€€€ Hôtel Nord-Pinus.** Gäste waren Pablo Picasso und Yves Montand, aber auch Bono von U2 (14, place du Forum, nord-pinus.com).

EINKAUFEN

Seit dem 16. Jh. größter „Marché" der Provence ist der **Samstagsmarkt** (bd. des Lices).

UMGEBUNG

Inmitten von Sümpfen errichteten Benediktinermönche ein Ensemble, dessen Ruine titelgebend für ein erst 2013 wiederentdecktes Gemälde von van Gogh ist: die **Abbaye de Montmajour** (9 km nördl.) – mit Einsiedelei (11. Jh.), Abteikirche, Kloster, Kapelle, romanischem Kreuzgang (12. Jh.) und dem Wachtturm Pons de l'Orme (14. Jh.). Im 18. Jh. kam das Saint-Maur-Monasterium hinzu (route de Fontvieille, Tel. 04 90 54 64 17, abbaye-montmajour.fr, Juni–Sept. tgl. 10.00–18.30, Okt.–Mai tgl. 10.00–17.00 Uhr, Erw. 6 €).

Am Rand der **Alpilles** breiten sich an einem Fels die Unterstadt von **Les Baux-de-Provence** (20 km östl.) aus und auf einem Plateau die Ruinen der gewaltigen Burg (ab 13. Jh.). Die **Carrières de Lumières** inszenieren in einem Steinbruch 800 m südl. davon Kunstwerke per Lichtanimation (de.france.fr/de). Ein großes Schloss (12.–15. Jh.) beherrscht das hübsche Städtchen **Salon-de-Provence** (40 km östl.). Nahe **Saint-Rémy-de-Provence** (35 km nordöstl., s. Thema „Provence in reichen Farben") mit seiner kleinen Altstadt liegt **Glanum,** eine bedeutende Grabungsanlage der einstigen römischen Stadt.

INFORMATION

Arles Tourisme,
boulevard des Lices, 13200 Arles,
Tel. 04 90 18 41 20, arlestourisme.com

Grotte im Fels bei Les Baux-de-Provence (o.). Spektakuläre Lichtanimation auf den Felsen der Carrières de Lumières (re.).

② Aigues-Mortes

Einst verschaffte Ludwig IX. sich und seinen Kreuzrittern hier einen Hafen am Mittelmeer – heute ist die Küste 11 km von Aigues-Mortes (6021 Einw.; „Stadt der toten Wasser") entfernt.

SEHENSWERT

Von der vollständig erhaltenen **Stadtmauer** (aigues-mortes-monument.fr, tgl. 10.00–17.30, Mai–Aug. tgl. 10.00–19.00 Uhr, Erw. 8 €) öffnen sich weite Ausblicke auf die Altstadt und die Salzberge der Saline (s. Thema „Weißes Gold"). Der Aufgang zu den Remparts, den Wällen, erfolgt neben der **Tour Constance.** 30 Jahre war Frankreichs berühmteste Hugenottin dort im Dunkel eingekerkert: Marie Durand. Unzählige Lokale mit Tischen im Freien säumen die **Place Saint-Louis.** Die kostenlos zu nutzende Kabelfähre **Bac du Sauvage** (smtdr.fr) bringt Sie ans andere Ufer der Petit Rhône und nach Les Saintes-Maries-de-la-Mer.

Die **Maison du Grand Site de France de la Camargue Gardoise** zeigt das Wirken des hl. Ludwig und jener Personen, die die Camargue geprägt haben (route du Môle, westl. des Zentrums, camarguegardoise.com, Feb.–Sept., Di. bis So. 10.00–12.30, 13.30–19.00 Uhr). Ein Natur-Lehrpfad gehört zum Komplex.

INFORMATION

OT Aigues-Mortes,
place Saint-Louis, Aigues-Mortes,
Tel. 04 66 53 73 00, ot-aiguesmortes.com

③ – ⑨ Camargue

Das **Rhône-Delta** hat Frankreichs größtes Feuchtgebiet geschaffen: die Camargue. Die fast 930 km² große Ebene, die den **Parc Natu-** rel **Régional de Camargue** umfasst, gehört administrativ fast vollständig zum Stadtgebiet von Arles, das sich daher rühmt, flächenmäßig Frankreichs größte Gemeinde zu sein.

SEHENSWERT

Bei Arles teilt sich die Rhône in zwei Mündungsarme, die Grand Rhône und die Petit Rhône. Dazwischen erstreckt sich die **Grande Camargue.** Westlich der Petit Rhône schließt sich bis nach Aigues-Mortes die **Petite Camargue** an, die zum Département Gard und damit zum Languedoc gehört.

Von Nord nach Süd lassen sich drei Naturlandschaften abgrenzen: die obere Camargue südlich und westlich von Arles mit Weinbau, Reisanbau und Stierzucht, die mittlere Camargue der Schilfgebiete, Feuchtzonen und Étangs, in denen Flamingos, Reiher und Schwäne heimisch sind, und die untere Camargue mit Sandstränden, Salzwasserlagunen und Salinen. Aus dem Meer von Ferienhäusern ragt im quirligen Urlaubsörtchen ③ **Les Saintes-Maries-de-la-Mer** (2600 Einw.) die Wehrkirche Notre-Dame de la Mer (11./12. Jh.) heraus, in der 1448 die (angeblichen) Reliquien der Heiligen Marie Jacobé und Marie Salomé entdeckt wurden. Zu ihren Ehren pilgern Roma, Sinti, Manuschen und Jenische alljährlich am 24. Mai zu ihrer Schutzheiligen, der schwarzen Sara.

NATURZENTREN/MUSEEN

Auf vielfältige Weise lassen sich die Ökosysteme in Naturzentren entdecken. Ganz im Südosten der Camargue schützt die **Domaine de la Palissade** zw. dem Städtchen ④ **Salin-de-Giraud** und der Küste auf 702 ha am rechten Ufer der Grande Rhône eine Urlandschaft außerhalb der Deiche, die bis heute von den

Die Rhône hat mit ihrem Delta fruchtbares Schwemmland geschaffen, die Durance eine handtuchflache Ebene aus Steinen.

Naturgewalten geformt wird (La Palissade, Salin-de-Giraud, palissade.fr/camargue, Juli bis Aug. tgl. 9.00–18.00 Uhr, sonst kürzer, Nov. bis Feb. Mi.–So.). Mehr als 300 Vogel- und 2000 Pflanzenarten bergen die ❺ **Sümpfe von Vigueirat,** die über einen Bohlenweg, per Rad, bei einer Kutschfahrt (Di.–So., 16 €) oder auf dem Pferderücken entdeckt werden können (Les Marais du Vigueirat, Mas Thibert, marais-vigueirat.reserves-naturelles.org, April–Sept. Sonnenauf- bis -untergang). Auch zu ❻ **La Capelière – Centre d'information de la Réserve Nationale de Camargue,** das in einem typischen *mas* (Bauernhof) untergebracht ist, gehört ein „Sentier découverte", ein Naturlehrpfad durch Sumpf, Schilf, Ried und Salzmarsch (La Capelière, www.snpn.com/reservedecamargue, April–Sept. tgl. ab 9.00 Uhr, Okt.–März Mi. bis Mo., 3 €). Beim ❼ **Camarguemuseum** gibt es einen hölzernen Ausguck mit Blick auf Reisfelder, Sümpfe, Salzwiesen (Mas du Pont de Rousty, museedelacamargue.com, Apri bis Sept. 9.00–12.30, 13.00–18.00, Okt.–März 10.00 bis 12.30, 13.00–17.00 Uhr, 5 €).

Tipp

Aussichten für Vogelfans

Ganz im Westen der Camarque beginnen am ❽ **Centre du Scamandre** drei Naturlehrpfade mit 500 m, 1,5 und 4 km Länge durch ein 146 ha großes Paradies für Vogelfreunde – neben großen Populationen von Ibissen lassen sich hier auch neun Reiherarten beobachten. Tolle Tipps für Touren zu Fuß oder per Fahrrad enthalten die kostenlosen Faltblätter des Infozentrums. Die größte Flamingopopulation Europas bevölkert zwischen April und Juni den ❾ **Étang du Fangassier** östlich von Les Saintes-Maries-de-la-Mer und bringt im flachen Salzsee den Nachwuchs zur Welt – fast 7500 Küken wurden schon gezählt!

Centre du Scamandre, Route des Iscles Gallician, Vauvert, camarguegardoise.com, Di.–Sa. 9.00 bis 12.30, 13.30–18.00 Uhr, Wege tgl. ab 9.00 Uhr, Eintritt frei Étang de Fagassier: guide-nature.fr/les-flamants-roses/

AKTIVITÄTEN
Auf der D 36 rollt, nein, staut sich im Sommer eine Blechlawine der Badefreunde zur **Plage de Piémanson** (auch: Plage d'Arles).

EVENT
Kunst, Kultur und Lebensart des Landstrichs feiert das **Festival de la Camargue** alljährlich im Mai für eine Woche (festival-camargue.fr).

Genießen   Erleben   Erfahren

DuMont Aktiv

Pinselstrich aus Licht und Farben

Nicht nur Muse berühmter Maler ist die Provence, sondern sie inspiriert auch Hobbykünstler, die unter der südlichen Sonne ihre Kreativität entdecken, entfalten oder ihr Können perfektionieren.

Das Licht und die Farben, ihre Landschaften und mediterrane Flora haben auch Ingo Hoffmann inspiriert. Der schlanke Mann hat an der Hochschule der Künste in Berlin studiert, sein Können an der Pariser École Duperré und der École des Beaux-Arts in Avignon vertieft – und sich in Véronique verliebt, Historikerin und Kochkünstlerin aus Boulbon, einem idyllischen Dorf im Herzen der Provence. Seit mehr als 20 Jahren bietet dort das Paar in seinem Atelier Hoffmann von April bis Oktober Kreativurlaub an: Malen, Zeichnen und Radieren, Modellieren und Fotografieren. Gemalt und gestaltet wird in kleinen Gruppen im Atelier, im großen Garten oder bei Ausflügen in der Umgebung. Und wer noch nicht fit im Französischen ist, kann den Kreativurlaub mit einem Sprachkurs verbinden, der vormittags stattfindet. So bleibt genug Zeit, um mit Treibholz vom Ufer der Rhône, mit Steinen aus Les Baux-de-Provence oder mit flotten Pinselstrichen das nächste Kunstwerk zu gestalten.

Die französische Lebensart ist fester Bestandteil aller Kurse – und die französische Küche. Die Zutaten kommen aus dem hauseigenen Biogarten. Im Frühjahr liefert er Spargel und Erdbeeren, im Sommer Zucchini und Auberginen – Motive, die auch auf Leinwand gebannt werden können. Oder im Kochtopf landen, wenn Véronique feine Mahlzeiten komponiert.

Weitere Informationen
Atelier Artistique Hoffmann Provence, 1, L'Androne des remparts, 13150 Boulbon, Tel. 04 90 43 90 92, kreativurlaub.com

Die Preise für den Kreativurlaub setzen sich aus dem Kurs (ab 480 inkl. Material) und der gebuchten Unterkunft (Einzelzimmer in Fewo 6 Tage/6 Mahlzeiten 440 €, Atelierwohnung 6 Tage/6 Mahlzeiten: 615 €) zusammen.

Das Atelier Hoffmann bietet für jeden kreativen Ausdruck den passenden Kurs an.

Das Land der Päpste

Wie ein Rhombus liegt es im unteren Rhônetal: das einstige Land der Päpste in der Provence. Für mehr als hundert Jahre hatten sie Avignon und sein Umland zum Mittelpunkt des Christentums gemacht. Andersgläubige flüchteten in die Berge des Luberon, den heute Wanderer und Weinbauern gleichermaßen schätzen. Antiquitätenliebhaber zieht es zum Antikmarkt nach L'Isle-sur-la-Sorgue.

Ein Volkslied zum Tanz auf der Brücke machte Avignon weltberühmt, doch getanzt wurde „sur le pont", auf dem Pont Saint-Bénezet, nie ...

Rechts: Mittelalterliche Fresken treten in der temporären Ausstellung „Les Éclaireurs" im Papstpalast in Avignon mit zeitgenössischer Kunst in einen Dialog. Leuchtend hebt sich Aimé Mpanés Werk „Ota Benga" von seinem Umfeld ab.

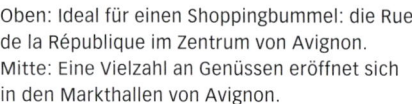

Oben: Ideal für einen Shoppingbummel: die Rue de la République im Zentrum von Avignon. Mitte: Eine Vielzahl an Genüssen eröffnet sich in den Markthallen von Avignon.

Avignon – ein gutes Pflaster für Straßenmusiker, nicht nur zu Festivalzeiten.

Noch sind Plätze im Restaurant auf der Place du Palais des Papes frei –
vor der schönsten Kulisse der Stadt: dem Papstpalast.

Nicht mehr Rom, sondern Avignon regierte ab 1309 die Glau-
benswelt. Hinter seiner 4,3 Kilometer messenden Stadtmauer mit ihren
35 Türmen, die bis heute die Altstadt
fast vollständig umschließt, residierten
sieben Päpste und zwei Gegenpäpste,
Clemens VIII. (1378–1394) und Benedikt
XIII. (1394–1423). Erst 1417, mit dem
Konzil von Konstanz, hatte Avignon als
Epizentrum des Christentums ausge-
dient. Die Herrschaft als Landbesitzer in
der Provence endete für die Päpste mit
der Französischen Revolution. 1791 ent-
schieden sich die Bewohner des Comtat
Venaissin in einem „Volksentscheid"
für den Anschluss an Frankreich. Die

Päpste reagierten empört, hatten sie
doch das Plebiszit nicht autorisiert, und
forderten selbst noch auf dem Wiener
Kongress 1815 die Wiederherstellung
des französischen Kirchenstaates. Doch
da waren das Comtat Venaissin und die
Gebiete von Avignon und Orange längst
in dem 1793 gegründeten Département
Vaucluse aufgegangen …

Mittendrin im Theatertrubel

Was die römische Antike und die Päpste
zwischen den Ausläufern des Mont Ventoux, dem Hochplateau der Vaucluse und
dem breiten Urstromtal der Rhône, den
Wein- und Lavendelfeldern, weiten Wäldern und klaren Wasserläufen an Bauten

hinterlassen haben, gehört heute zum
UNESCO-Welterbe. Vom Gratis-Groß-
parkplatz auf der Île de la Barthelasse
pendeln kostenlose Shuttlebusse zur
Porte de l'Oulle. Hinter dem betriebsa-
men Einfallstor zur Altstadt öffnet sich
die Place Crillon mit Straßencafés im
Schatten der Ancienne Comédie d'Avignon, die 1732 als erste Bühne der Stadt
errichtet worden war – vorher hatte es
in Avignon keinen eigenen Theaterbau
gegeben. Warum auch? Theater funktio-
niert auch als Open Air. Wie gut, beweist
Avignon alljährlich in den drei letzten
Juliwochen, wenn sich die Altstadt in-
nerhalb des Mauerrings in eine einzige
farbenfrohe Freilichtbühne verwandelt.

Ganz oben: Im nahen Languedoc beeindruckt der Pont du Gard, ein Aquädukt aus römischer Zeit. Bei „Les Féeries du Pont" verzaubern Ton-Licht-Shows in Sommernächten das Welterbe. Unten: Beschaulicher Winkel am Hotel Cloître Saint-Louis in Avignon.

Beliebte Bar im Ausgeh-Hotspot bei der Rue de Tenturiers. Wo sich heute in Avignon die Szene trifft, befand sich früher das Viertel der Färber.

Schmucklos und streng sind die Pfeilerarkaden und der Chorraum im Inneren der Abteikirche von Sénanque gehalten, ...

... auch von außen wirken Langhaus und Chor mit den Apsiden schlicht – und dennoch ist die Kirche ein wunderschönes Postkartenmotiv.

Neben den „In"-Szenierungen des Festival d'Avignon im Palais des Papes, im Karmeliterkloster und anderen Spielorten gibt es Hunderte von „Off"-Aufführungen. Private, häufig noch unbekannte Theatergruppen aus Europa und Übersee hoffen dort auf gute Kritiken und den Durchbruch ins Theatergeschäft. Straßentheater, frech, provokativ oder absurd, schräge Happenings, Clownerien oder Ein-Mann-Shows – all dies hat seinen Auftritt. Gespielt wird rund um die Uhr, auf Plätzen und Straßen, in Hinterhöfen, in Parks, Cafés und an den Ufern der Rhône. Volksnah vor dem Couvent des Cordeliers in der Rue de Teinturiers, avantgardistisch und elitär im Theatercafé La Tache d'Encre. Das Théâtre du Chien Qui Fume widmet sich mit seinem Ensemble des „rauchenden Hundes" angesagten Stücken und einer offenen Szene.

Die Place des Carmes, benannt nach einem Karmeliterinnen-Kloster, von dem nur ein Kreuzgang übrig blieb, ist das Zentrum des früheren „Zigeunerviertels" Quartier Balance. Sonnabends gastiert ein Blumenmarkt, sonntags lockt *brocante,* Trödel, trendy wie teuer. Während des Festivals wird auch dieser Platz zur Bühne. Ausgelassen tobt der Festivaltrubel auch auf der Place de l'Horloge. Eine Tiefgarage schluckt die Autos, ein nostalgisches Karussell dreht seine Runden, Alt und Jung schlecken Eis. So schlendern sie durch eine schmale Gasse vorbei am Hôtel des Papes zum Papstpalast.

Ein riesiger Komplex

Abweisend, eher einer Festung ähnlich, erhebt sich der Komplex. Eine Burg mit Türmen und Zinnen, winzigen Fenstern: militärisch-streng der Palais Vieux, kühler Prunk beim Palais Neuf. Flammen zerstörten fast die gesamte Inneneinrichtung, die sich nicht an christlicher Askese, sondern höfischer Prachtentfaltung orientierte. Mit allem Prunk erhalten ist jedoch die benachbarte Kathedrale mit Wand- und Deckenmalereien, korinthischen Kapitellen, gedrehten Säulen und einer vergoldeten Madonna, die auf dem Turm im Sonnenlicht funkelt.

Nördlich der Kathedrale schiebt sich der Kalkkegel des Rocher des Doms als Aussichtskanzel an das Ufer der Rhône, in die der Pont Saint-Bénezet hineinragt. Studenten haben das berühmte Bauwerk mit den ursprünglich 22 Bögen rekonstruiert und zeigen ihr 3-D-Modell in einer Ausstellung im Stadtzentrum: als Rumpf mit vier Bögen, kleiner Kapelle und traumhafter Aussicht auf die breite, behäbige Rhône und die Stadt.

Die Freizeitinsel

Vom Pont Saint-Bénezet setzen kostenlose Fähren hinüber zur Île de la Barthelasse, die zwei Rhônearme umschlingen: die Grand Rhône von Villeneuve und die Petit Rhône von Avignon. Mit den

Mit den Launen des Flusses veränderten sich über die Zeit Form und Zahl der Rhôneinseln.

Launen des Flusses veränderten sich im Laufe der Jahrhunderte Form und Zahl der Rhôneinseln. Einige klammerten sich an den Ufern am Département Gard fest, andere am Land der Vaucluse. Manche formten ein sich ständig veränderndes Archipel im Fluss, das immer stärker

Mal ist er sonnengelb, mal rostrot – der Ocker bestimmt die Fassaden im Städtchen Roussillon.

Es war lange her,
dass ich auf dem Land
gewesen war, und ich
fühlte, welchen Spaß
es mir gemacht hätte,
spazieren zu gehen.

Albert Camus, aus: Der Fremde

zusammengeschoben wurde, bis es eine einzige Insel bildete: La Barthelasse – ihr Südende heißt Île Piot. Mit 700 Hektar – davon 400 Ackerland – ist sie die größte Flussinsel Frankreichs. Ihr alter Treidelpfad wandelte sich im Jahr 2000 zur Promenade, der bestehende Freizeit- und Sportkomplex wurde saniert, und auch die Via Rhôna, die 815 Kilometer lange Radfernroute vom Genfer See zum Mittelmeer, verläuft mit tollen Aussichten auf der Ausflugsinsel.

Einheimische und Urlauber genießen gerne im Restaurant Le Bercail bei provenzalischer Küche oder Holzofenpizza den Blick auf die Stadtkrone und die berühmte Brücke Saint-Bénezet. Sie verband Avignon mit Villeneuve-lez-Avignon und damit das Heilige Römische Reich und später die Papststadt mit dem Königreich Frankreich – die französische Krone ante portas der Kurie. Die Kardinäle, die in Avignon keinen Wohnsitz fanden, störte das wenig: Sie errichteten in Villeneuve-lez-Avignon in kürzester Zeit 15 *livrées,* prachtvolle Residenzen.

Der Garten Frankreichs

Mit dem Comtat (Grafschaft) Venaissin, das sich um Avignon erstreckte, zu dem Avignon aber nie gehörte, besaßen die Päpste ein landschaftlich sehr abwechs-

lungsreiches und zudem sehr fruchtbares Hinterland – einen Garten Eden, in dem bis heute Trauben, Aprikosen und Kirschen gedeihen und Oliven zu erstklassigem Öl gepresst werden. Auf den Hochebenen am Mont Ventoux wird Lavendel geerntet. Die Vielfalt der Erzeugnisse macht die großen Wochenmärkte von Carpentras und Vaison-la-Romaine zu den wohl schönsten Märkten der Provence.

Wirtschaftliche Abwägungen

Wer durch die Haute-Bourg von Vaison-la-Romaine bummelt (s. Kapitel Orange), wird durch große Fotografien in Schwarz-Weiß, die an den Natursteinwänden der mittelalterlichen Wohnhäuser hängen, mit einem weniger bekannten Thema des avignonischen Papsttums bekannt gemacht: den Juden des Comtat. Als die großen Pestepidemien in Europa ausbrachen, wurden die Juden als Sündenböcke verfolgt und zu Tausenden getötet, da sie angeblich die Brunnen vergiftet hatten. Papst Clemens VI. indes stellte sich im 14. Jahrhundert mit einer Bulle hinter die Juden.

Die gewährte Religionsfreiheit auf dem Territorium der Päpste ließ große jüdische Gemeinden in Avignon und Cavaillon sowie Carpentras entstehen, wo sich Frankreichs älteste Synagoge unauffällig

Von Hellgelb über Gold-, Rost- und Rottöne ... – die Ockerbrüche bei Roussillon
decken die gesamte Bandbreite von Sandsteintönen ab!

Lourmarin (ganz oben) war einst Rückzugsort von Albert Camus. Wie Oppède-le-Vieux (unten) gehört das Dorf zum Luberon.

Bauern und Feldarbeiter errichteten aus trocken gestapelten Steinen im Luberon *bories* genannte Schutzhütten und Lager für Heu und Stroh.

Das autofreie Dorf Oppède-le-Vieux prägen Häuser
aus dem Mittelalter und der Renaissance.

Steil hinauf geht es durch die Gassen in Lacoste, einem perfekt
restaurierten Dorf am Nordrand des Luberon-Gebirges.

Gärten der Provence

Special

Vom Lotus zur Wölfin

Nirgendwo sonst in Europa gibt es eine solche Dichte an Gärten wie in der Provence. Ihre große Vielfalt spiegelt sich an einigen Beispielen. Zur Schauseite waren sie oft repräsentativ gestaltet wie Parks, zur Küchenseite wunderschön angelegt als Potager (Küchengarten), der Haus und Hof versorgte. In Roussillon hegt Cathérine Pisani auf der Ferme de Basilics 40 Sorten Basilikum (lafermeauxbasilics.com). Kosten Sie auf Führungen die vielen Aromen! Die Basilikumsorte „La Marseillaise" schmeckt ein wenig zitronig, das „Basilic à feuille de laitue" entfaltet einen Hauch Anis auf der Zunge. In Bonnieux verwirklichte Nicole de Vésian, Stylistin bei Hermès, den Jardin de la Louve (lalouve.eu): Ihr „Garten der Wölfin" besticht durch raffinierte Strukturen. Ebenfalls im Luberon schmücken 150 alte Färberpflanzen den Jardin de Plantes Tinctoriales von Lauris (couleur-garance.com).

im Val Joanis bilden die Eiben ein Spalier.

Der Garten des Weingutes Château Val Joanis (val-joanis.com) bei Pertuis ist über drei Terrassen und im Stil der Gartenbaukunst des 17. Jahrhunderts angelegt, ein Potager fügt sich ein.

Im Schwemmland der Rhône, südlich von Avignon, kreierte Alain Stroppiana mit Lotus und Wasserlilien, Kaskaden und Brücken den asiatischen Wassergarten Aux Fleurs des Eaux (facebook.com/pg/Aux-Fleurs-de-lEau-634772016549214/posts/).

an die Place Maurice Charretier fügt. Warum die Päpste Toleranz gegenüber den Juden zeigten? Sie waren eine tragende Stütze der päpstlichen Wirtschaftspolitik ...

Flucht in den Luberon
Vor der Doktrin der Päpste mussten Andersgläubige sonst fliehen. Die Waldenser, französisch „Vaudois", verschanzten sich im Luberon. Ihre Wehrdörfer gehören heute zu den malerischsten Orten der Hügel, die sich zwischen Aix und Avignon im östlich gelegenen Grand Luberon bei der Mourre Nègre 1125 Meter hoch aufschwingen. Auf nur 726 Meter schafft es der Petit Luberon im Westen.

Sechzig Kilometer lang und fünf Kilometer breit erstreckt sich das Gebirge des Luberon von Ost nach West, es ist ursprünglich geblieben mit wilden Schluchten, bizarren Felsen, kargen Gipfeln, aber auch: Lavendelfeldern, Weinbergen, Aleppokiefern. Die Vielfalt von Flora und Fauna, dörflichem Erbe und eindrucksvollen Landschaften schützt auf 230 000 Hektar ein regionaler Naturpark, mittlerweile als Biosphärenreservat der UNESCO anerkannt. Ein Paradies für Wanderer, Radfahrer und Reiter, die nach ihren Ausflügen in die Weinberge die Tropfen verschiedener AOC bei den Winzern vor Ort verkosten.

Die schönsten Wanderungen

In Begleitung von Wind und Esel

Vom Hochgebirge bis zur handtuchflachen Crau-Ebene, von tiefen Schluchten zu romantischen Klippenküsten: Die Provence ist ein ungeheuer vielseitiges Wandergebiet. Diese Highlights machen Appetit auf Entdeckungen zu Fuß!

① Metropolenwanderweg

Zum Kulturhauptstadtjahr schenkte sich Marseille nicht nur eine neue Hafenfront und prestigeträchtige Neubauten, sondern auch einen Fernwanderweg: die 365 Kilometer lange Grande Randonnée 2013. Das Besondere: Nicht Wandervereine, sondern die Künstlergruppe „Le Cercle des Marcheurs" konzipierte den rot-gelb markierten Metropolenwanderweg. Zwischen Istres im Westen und Aubagne im Osten beschreibt er eine riesige Acht, deren Linien sich am Bahnhof von Aix-en-Provence überschneiden. Unterwegs legt die Runde die Brüche in urbanen und ländlichen Räumen offen, führt von Industriegebieten und Vororten in die Natur und in zwei Gebirge. Die GR 2013: ein begehbares Kaleidoskop der zeitgenössischen Landschaften von Marseille – aufregend, überraschend und kinderleicht zu erwandern!

Start: Marseille
Info: gr2013.fr
Schwierigkeit: leicht, selten mittelschwer
Dauer: 20 Tage gesamt, Einzeletappen von beliebiger Länge sind jedoch möglich
Karte: Topoguide GR2013, online zu bestellen bei der französischen Wandervereinigung, ffrandonnee.fr, 15,90 €

② Zum Kreuz der Provence: Montagne Sainte-Victoire

In 30 Ölbildern und 45 Aquarellen hat Paul Cézanne den schroffen Bergrücken der Montagne Sainte-Victoire verewigt. Ohne größere Kletterei führt vom Parkplatz an der D 17 bei Pont de l'Anchois ein alter Steig (12 km) hinauf zum 19 Meter hohen Kreuz auf der Kante des Kalkriegels. Auf einem Feldweg geht es vorbei am Refuge Cézanne und hin zur Felsrinne Pas du Moine. Halten Sie sich beim Durchqueren der wilden Felslandschaft an den Steinen fest!

Danach folgt der Weg der Kammlinie zum Kloster (Prieuré), das die Mühen des Aufstiegs mit einer grandiosen Aussicht von der Terrasse der Kapelle Notre-Dame de Victoire belohnt. Ein letzter steiler Aufstieg – und Sie stehen oben auf dem Croix du Provence, die Alpen im Blick, das Umland von Aix zu Füßen.
Wer noch Kondition hat, wählt den längeren Abstieg über den Westkamm der Costes Chaudes zurück zum Ausgangspunkt. Am besten packen Sie ein Pick-nick ein und genießen dabei dann die wunderbare Aussicht über die Stadt Aix-en-Provence, die Kuppen des Luberon im Norden, die Weingärten und weiten Olivenhaine!

Start: bei Pont de l'Anchois
Info: amisdesaintevictoire. asso.fr/les-sentiers-bali ses-dans-la-sainte-victoire. html
Schwierigkeit: mittelschwer
Länge und Dauer: 12 km, 4 Std., 750 Höhenmeter
Karte: IGN, Top 25, Montagne Ste-Victoire, 3244 OT, 1 : 25 000

3 Durch Kräuter und Rebgärten

Eingeschlossen von Mittelgebirgen, besitzt Nyons ein Mikroklima, das Wein und Oliven lieben. Wie beides angebaut wird, verrät die „Rando Terroir" der Domaine Rocheville. Rund zwei Stunden dauert die große Runde. Zuerst begleitet von Mohn, Ginster, Iris und vielen wilden Kräutern, geht es dann vorbei an Rebgärten und jungen Olivenbäumen, immer weiter den Hang hinauf – mit herrlichen Ausblicken! Unterwegs verraten sieben Stationen unter anderem, wie die Terrassen von Hand aus Steinen geschichtet wurden.

Start: Domaine Rocheville, 117, route de Montélimar, 26110 Nyons,
Info: domainerocheville. com
Schwierigkeit: leicht
Dauer: große Runde 2 Std. (4,5 km), kleine Runde 1 Std. (2 km)

4 Aufstieg zum Mourre Nègre

Mit 1125 Meter Höhe ist der Mourre Nègre der höchste Gipfel des Luberon. Schöne Aussichten, aber auch eine abwechslungsreiche Vegetation bietet der 6,5 Kilometer lange Aufstieg von Norden, der am Parkplatz von Auribeau beginnt und gelb markiert ist. Achtung: Wegen Waldbrandgefahr kann die Strecke im Sommer gesperrt sein. Oben angekommen, bietet sich vom Sendemast her ein Panoramablick von den Alpen hin zur Montagne Sainte-Victoire, ja bis zum Mittelmeer.

Start: Auribeau
Info: altituderando.com
Schwierigkeit: leicht
Dauer: Aufstieg 1,5 Std.
Karte: IGN, Top 25, Apt PNR du Luberon, 3242 OT, 1 : 25 000

5 Schlucht von Oppedette

Oppedette, einst aufgegeben, heute wiederentdeckt, hockt als ein Häufchen grober Feldsteinhäuser dramatisch auf einem Felsvorsprung in 525 Meter Höhe. Kaum zu glauben, dass unterhalb der Calavon diese tiefe Schlucht gegraben hat. Durch den wildromantischen Canyon, dessen Felswände 120 Meter steil aufragen, führt ein Rundweg, der mit sieben Kilometern zwar kurz, aber dennoch fordernd ist. Rotweiß ist die Markierung.

Start: Oppedette, Parking du Belvédère
Info: altituderando.com
Schwierigkeit: mittelschwer
Dauer: 3 Std.
Karte: IGN, Top 25, Apt PNR du Luberon, 3242 OT, 1 : 25 000

6 Eselwandern

Familienfreundlich und gemütlich sind Eselwanderungen in der Provence. Nur drei bis vier Kilometer pro Stunde legt das Tier zurück, es schleppt das Tagesgepäck, den Proviant – und bei Bedarf auch müde Kinder. Vier bis fünf Stunden streift Tony Bertaina so von Ongles aus mit seinen Gästen durch die Haute-Provence und steigt bei Wochenendtouren hinauf zur Bergerie auf 1100 Metern. Hier wird rustikal genächtigt, ehe man am nächsten Tag das Vallon de Foumelle, den Weiler von Bouiron und die Kapelle Notre-Dame du Rocher d'Ongles entdeckt. Unterwegs ist für gute Laune gesorgt: Es wird je nach Tour gepicknickt, Ziegenkäse gekostet, ein Lavendelbauer besucht, erzählt und gelacht. Und selbst die Kleinen nörgeln nicht, so spannend ist die Strecke.

Start: Ongles
Info: Tony Bertaina, Centre de Randonnées les Granges, 04230 Ongles, Tel. 06 34 77 08 98, chevalenprovence.com/ haute-provence/ane.php, Kosten: 2 Tage 80 €, 3 Tage 190 €, 5 Tage 380 €

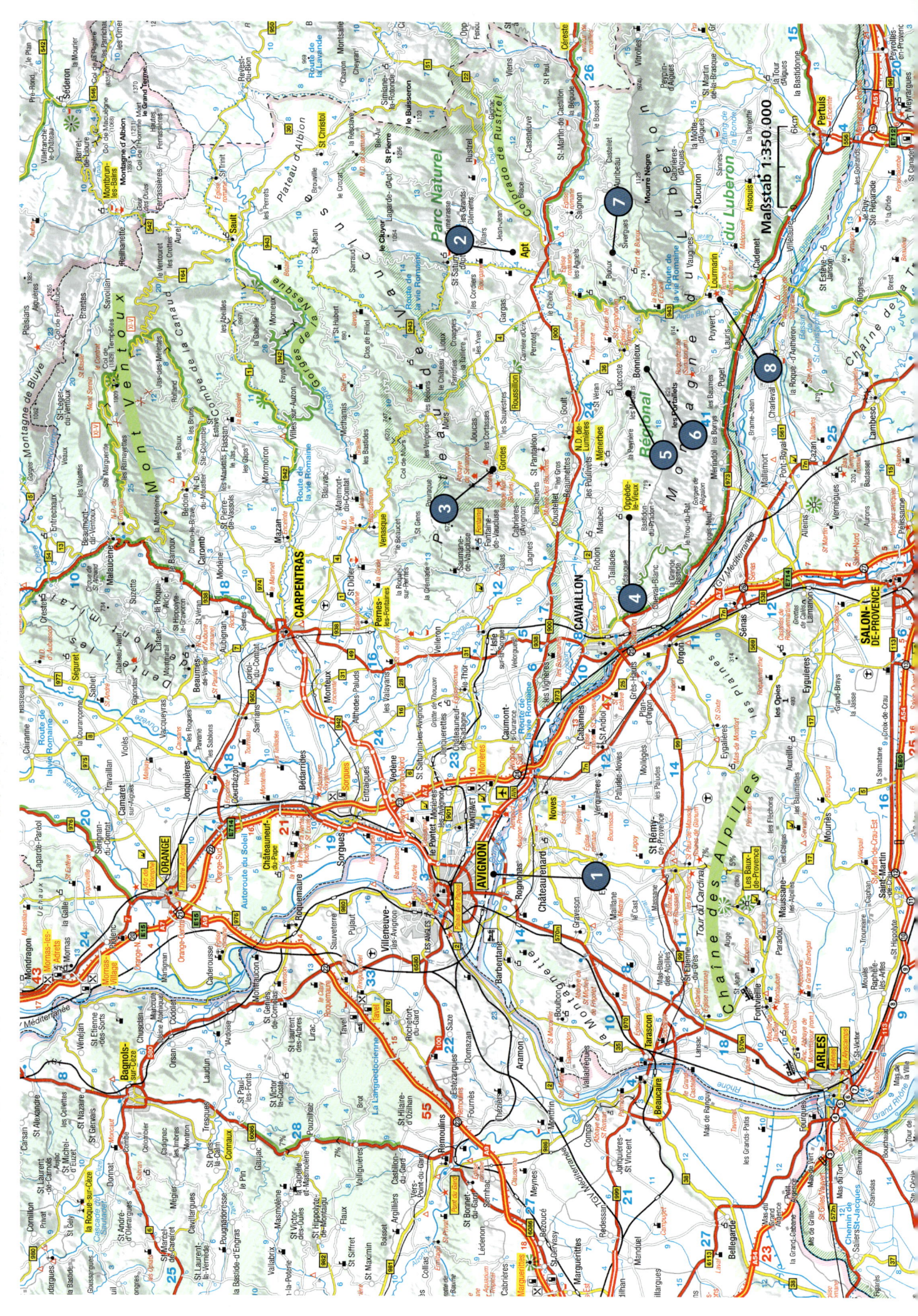

Festungen aus Stein und hellgrauem Fels

In Avignon und seinem Umland spiegelt sich der einstige Einfluss der Päpste noch in mächtigen Bauten. Östlich der lebendigen Stadt schwingen sich die Kalksteinfelsen des Luberon bis zu 1200 Meter hoch und bieten vielen seltenen Tieren und Pflanzen ein Refugium. Hübsche Bergdörfer thronen auf Bergkämmen.

❶ Avignon

Die Stadt (92 454 Einw.) liegt an der Mündung der Durance in die Rhône und berührt die Départements Vaucluse, Gard und Bouches-du-Rhône. Am besten parken Sie auf der Fluss-insel Île de la Barthelasse Ihr Fahrzeug und lassen sich mit kostenlosen Shuttles zu den Welterbestätten bringen, die sich hinter der Stadtmauer am anderen Ufer verbergen.

SEHENSWERT

Im 14./15. Jh. residierten in Avignon insgesamt neun Päpste und machten es zur Hauptstadt des Christentums. Was sie erbauten, gehört heute zum Welterbe der UNESCO. So auch der **Palais des Papes** TOPZIEL. In weniger als 20 Jahren ließen Benedikt XII. und Clemens VI. den weltweit größten gotischen Palast errichten, wehrhaft und prunkvoll zugleich. Beim Rundgang durch 25 Räume – Prunksäle, Kapellen, Privatgemächer und Terrassen mit Rhôneblick – lässt das Tablet „Histopad" die Vergangenheit virtuell lebendig werden: Menschen, Möbel, Events und Ausstattung. Das Tablet gibt es gratis zum Ticket (place du Palais, palais-des-papes.com/fr, tgl. ab 9.00, Juli bis 20.00, Aug. bis 20.30 Uhr, sonst kürzer, Erw. 12 €, mit Brücke 14,50 €). Teil des Welterbes ist auch die **Kathedrale** (13. Jh.) neben dem Palast.
Als landesweit einziger Mittelalterbau komplett barrierefrei ist heute die **Brücke von Avignon** (Pont Saint-Bénezet; 13. Jh.), die mehrmals vom Hochwasser der Rhône fortgeschwemmt wurde. Im 17. Jh. verzichteten Verantwortliche auf den Wiederaufbau der 22 Bögen – heute sind vier erhalten. Wie sie im Jahr 1550 ausgesehen hat, verrät eine 3-D-Rekonstruktion in der Ausstellung „Le Pont retrouvé" (boulevard de la Ligne, avignon-pont.com, Zeiten wie Palais des Papes, 5 €, mit Papstpalast 14,50 €).
An der Brücke befindet sich ein Aufgang zu den **Remparts d'Avignon,** auf denen Sie – kostenlos – bis zum Garten des Rocher des Doms gehen können. Die kilometerlange Stadtmauer wurde 1355 bis 1370 gebaut, um die Angriffe der Grandes Compagnies abzuwehren, jener Söldnertruppen, die in den Zeiten des Waffenstillstands im Hundertjährigen Krieg (bis 1453) plündernd durch Frankreich zogen.

Der Rocher des Doms grenzt Avignon zur Rhône ab (o.). Die Kathedrale (o. re.) ist Welterbe. Klatschmohn verzaubert das Umland.

MUSEEN

Cy Twombly, Sol LeWitt, Donald Judd, Nan Goldin, Douglas Gordon, Jean-Michel Basquiat, Anselm Kiefer und andere zeitgenössische Künstler zeigt Yvon Lambert in seiner privaten **Collection Lambert** im Palais Caumont (5, rue Violette, Tel. 04 90 16 56 20, collectionlambert. fr, Juli/Aug. tgl. 11.00–19.00, sonst Di.–So. bis 18.00 Uhr, Erw. 10 €). Ebenfalls ein passionierter Kunstsammler war der Modeschöpfer Jacques Doucet (1853–1929), in dessen Stadtpalais (18. Jh.; heute **Musée Angladon**) neben einem Salon aus Fernost Werke von Manet, Degas, Cézanne, Sisley, Picasso und Modigliani wie auch ein Werk von van Gogh zu sehen sind (5, rue du Laboureur, angladon.com, April–Sept. Di.–So. 13.00–18.00 Uhr, Okt.–März Di.–Sa., 8 €). Meisterwerke u. a. von David, Corot, Manet, Sisley, Dufy, Bonnard und Joseph Vernet, der 1714 in Avignon geboren wurde, zeigt das **Musée Calvet** im prächtigen Stadtpalais (65, rue Joseph Vernet, Tel. 04 90 86 33 84, musee-calvet.org, Mi.–Mo. 10.00–13.00, 14.00 bis 18.00 Uhr, Dauerausstellung frei).

Einen hervorragenden Überblick über italienische Malerei des 13. bis 16. Jh.s bietet das **Musée du Petit Palais** mit Werken von Botticelli und Carpaccio. Zweiter Schwerpunkt ist die Malerschule von Avignon (15./16. Jh.) mit Arbeiten von Enguerrand Quarton, Josse Lieferinxe und Nicolas Dipre (place du Palais des Papes, Tel. 04 90 86 44 58, petit-palais.org, Mi.–Mo. 10.00–13.00, 14.00–18.00 Uhr, Dauerausstellung frei).

ERLEBEN

Spannender noch als eine Stadtrundfahrt mit dem Petit Train (petittrainavignon.fr) ist es, Avignon mit den **Leihrädern** von Vélopop (velopop.fr) zu entdecken – an 18 Stationen warten 200 Stadträder.
Geführte Fahrradtouren mit Audioguide, **Familienradfahrten** mit Schatzsuche und kulinarische Biketouren bietet Daytour an (daytour.fr). **Segway-Touren** führen bis zur Île de la Barthelasse (mobilboard.com/avignon).

VERANSTALTUNGEN

Erste Großveranstaltung des Jahres ist **Cheval Passion** mit Messe, Galashows, Wettbewerben und 1200 Pferden (Januar, cheval-passion. com). Zu Mariä Himmelfahrt erobern in geraden Jahren bei der **ALTERAROSA** Rosen die ganze Stadt – sie schmücken u. a. den Kreuzgang des Papstpalastes und schaffen einen Pfad durch die Stadt (alterarosa.com). Bis heute erfrischend jung ist das 1947 gegründete **Festival d'Avignon,** das drei Wochen lang die gesamte Stadt zur Bühne macht (Juli, festival-avignon.com). Zeitgleich präsentiert das **Festival OFF d'Avignon** 1300 Kulturevents: Straßentheater, Zirkus, Tanz, Lesungen (avignonleoff.com).

HOTELS

Das €€/€€€ **Cloître Saint-Louis,** im 16. Jh. als Jesuitenseminar erbaut, birgt heute ein Viersternehotel (20, rue du Portail Boquier, cloitre-saint-louis.com/fr). Eine monumentale Treppe führt im Altstadthotel €€**Médiéval** zu 35 nostalgisch-komfortablen Zimmern (15, rue Petite Saunerie, hotelmedieval.eu).

RESTAURANT

Ein kostenloser Bootsshuttle bringt Sie vom Rocher des Doms zum Ausflugslokal €/€€ **Le Bercail** auf der Île de la Barthelasse, wo kreative Küche mundet (162, chemin des Canotiers, Tel. 04 90 82 20 22, restaurant-lebercail.fr).

EINKAUFEN

In **Les Halles** bieten 40 Händler regionale Produkte an (siehe Unsere Favoriten, Märkte). Wie sie verarbeitet werden, zeigen Hobby- und Profiköche in der **Petite Cuisine des Halles** (Sa., 11.00 Uhr, außer Aug.). Einen Überblick über die Design-/Kunstszene von Avignon vermittelt das Onlineportal **Les Fabricateurs:** Dessen Mitglieder nehmen am jährlichen Festival Parcours de l' Art teil (Okt., parcoursdelart. com, lesfabricateurs.wordpress.com).

UMGEBUNG

Carpentras (ca. 26 km nordöstl.), in dessen Altstadt Kathedrale und Synagoge einen Platz

Tipp

Vom Samen zur Suppe

Ein Obst- und Gemüsemuseum ist Epicurium mit einer interaktiven Ausstellung für alle Sinne, mit Obstbäumen und Potager (Küchengarten), Gewächshaus, Barfußpfad, Bienenstock und Kochkursen für Klein und Groß.

100, rue Pierre Bayle, Avignon, Tel. 04 32 40 37 71, facebook.com/ epi.curium, April–Okt. tgl. 14.00–18.30 Uhr, 7,50 €

Venasque (o.) gab dem Comtat Venaissin den Namen. Schöne Dörfer im Luberon sind Roussillon (o. re.) und Lacoste mit Burgruine (u.).

haben, gilt als Trüffelort. In **Venasque** (37 km östl.) lohnt ein Bummel durch die Galerien. Kanäle durchziehen **L'Isle-sur-la-Sorgue** (17 km östl.) Über den Gardon spannt sich der antike **Pont du Gard** (26 km westl.).

INFORMATION

6, rue pente rapide Charles Ansidei, BP 149, 84008 Avignon cedex 1, Tel. 04 90 27 50 00, avignon-tourisme.com

❷ Apt

Zentrum des Luberon ist Apt (12 350 Einw.). In den engen Gassen wechseln Kunstgalerien mit Boutiquen, Souvenirshops mit Bars und Cafés.

SEHENSWERT

Jeden Sonnabend inszeniert die selbsternannte „Welthauptstadt der kandierten Früchte" ihren **Wochenmarkt** (s. Unsere Favoriten, Märkte). Den hoch gelegenen Dorfkern dominiert das **Château** aus dem 11. Jh., das Victor Vasarely restaurierte und das heute das Werk des belgischen Malers Pol Mara ausstellt (Mi.–Mo. ab 9.00 Uhr). 3 km außerhalb vereint das **Village des Bories** Steinhütten, die im 19. Jh. errichtet wurden (levillagedes bories.com, tgl. 9.00 Uhr – Sonnenuntergang).

INFORMATION

Office de tourisme intercommunal Pays d'Apt Luberon, 20, avenue Philippe de Girard, 84400 Apt, Tel. 04 90 74 03 18, www.luberon-apt.fr

❸ – ❽ Luberon

Zwischen Cavaillon und Manosque erstreckt sich die Hügellandschaft des Luberon mit Bergdörfern, rot und gelb changierenden Ockerfelsen von Roussillon und Rustrel, mit Lavendelfeldern, Weinbergen und Wäldern, die Wanderer begeistern.

SEHENSWERT

Zu den schönsten Dörfern Frankreichs gehört ❸ **Gordes** TOPZIEL, was sich an den Autoschlangen bemerkbar macht, die sich regelmäßig vor dem Bergdorf stauen. 4 km nördlich von Gordes liegt an der D177 das Zisterzienserkloster **Notre-Dame de Sénanque** TOPZIEL (1148) mit seinen Lavendelfeldern, zu dem von Gordes auch ein markierter Wanderweg führt (senanque.fr, Besichtigung nur mit Führung, Juli/Aug. 10.10–17.00 Uhr in Abständen, Erw. 7,50 €, angemessene Kleidung, keine Radel- oder Sportoutfits!). Gut zu Fuß sollten Sie beim Besuch von ❹ **Oppède-le-Vieux** am Nordrand der Montagne du Luberon sein, denn Treppenwege und schmale Pfade führen zur Kirche Notre-Dame d'Alidon (12. Jh.) und hinauf zur Burgruine des Grafen von Toulouse (13. Jh.). Pierre Cardin hat die Burgruine von ❺ **Lacoste** wieder aufbauen lassen, die über der Heimat des Marquis de Sade thront. Sie ist alljährlich im Juli Schauplatz des Festival de Lacoste für Musik, Tanz und Theater (festivaldela-coste.com). Kirche und Reste der Stadtmauer in ❻ **Bonnieux** gehen auf das 12. Jh. zurück. 6 km nördlich überbrückt seit Römertagen der **Pont Julien** den Calavon – die wichtigste Brücke im provenzalischen Teil der Via Domitia, der alten Römerstraße, ist nur für Radfahrer und Fußgänger zugänglich! Sportkletterer lassen die Kalksteinfelsen von ❼ **Buoux** (12 km östl.) nicht aus. Als „Villa Medici der Provence"

»... Aussicht auf die Weinberge, die nun scharlachrot und braun aussahen, ...«

Peter Mayle, in: Hotel Pastis

wird gerne das Renaissanceschloss von

8 Lourmarin betitelt, heute Kulturzentrum für Musikfestivals, Ausstellungen und Renaissancefeste (chateau-de-lourmarin.com, Juni bis Aug. tgl. 10.00–18.30 Uhr, sonst kürzer, Jan. nur Sa./So., Erw. 7 €). Nobelpreisträger Albert Camus (1913–1960) hat in dem Ort sein Grab. Später zog es den Schriftsteller Peter Mayle (1939 bis 2018) hierher.

RESTAURANTS

Zwei Michelinsterne schmücken die Haute Cuisine von Edouard Loubet in der €€€/€€€€ **Domaine de Capelongue** (Les Claparèdes, Chemin des Cabanes, Bonnieux, capelongue. com). Unterm Gewölbe oder Sie setzen sich auf die Terrasse: Gegrillte Gambas, Entenfilet und Rindersteak munden im €€ **Le Loup Blanc** (rue de la Combe, Gordes, restaurant-gordes.com).

INFORMATION

Office de Tourisme de Bonnieux,
7, place Carnot,
84480 Bonnieux,
Tel. 04 90 75 91 90, luberon.fr

Tipp

Leuchtend bunte Felswelt

Seit der Antike wird Ocker im Luberon gebrochen. Mitten durch die Ockerbrüche von Roussillon leitet der Sentier des Ocres, das Conservatoire des Ocres et des Couleurs im alten Ockerwerk Mathieu entführt in deren Geschichte. In Rustrel lieferten die Felsen die Pigmente für 20 Naturfarben – das dortige „Colorado Provençal" darf kostenfrei erwandert werden. Achtung: Der Besuch der Ockerorte lohnt sich nur bei Sonnenschein – bei bedecktem Himmel verlieren die Felsen ihre Leuchtkraft.

Sentier des Ocres: Juli/Aug. 9.00 bis 19.30 Uhr, sonst kürzer, Erw. 2,50 €, Rutschgefahr bei Nässe!
Conservatoire des Ocres: 1,5 km außerhalb an der RD104 nach Apt, okhra.com, Juli/Aug. 10.00–19.00 Uhr, sonst kürzer, Erw. 7 €

Genießen   Erleben   Erfahren

Schweben im Luberon

DuMont Aktiv

Eine Warnung vorweg: Ballonfahren macht süchtig! Besonders im Luberon. In der Morgendämmerung wird das Feuer geweckt, ehe die kleine Gruppe sanft abhebt und im Heißluftballon über Kalkklippen und weiten Tälern den Tag begrüßt.

Stockdunkel ist es, als die Gruppe das Örtchen Roussillon im Geländewagen verlässt. Ihr Ziel: eine Wiese. In der Dämmerung packen dort alle an, um den länglichen Flechtkorb hinzulegen, mit kräftigen Schnüren zu verbinden und einen bunt gestreiften Ballon auszurollen, der erst mit Luft befüllt, dann befeuert wird. Als die Sonne langsam über die ersten Hügelketten klettert, schwebt die Gruppe leise empor, höher und höher. Frisch ist es und still. Weingärten wechseln mit Weiden und Äckern. Eine schmale Straße windet sich hin zu einem einsamen Gehöft. Dann taucht Roussillon unter den Fahrenden auf. Seine Fassaden leuchten im Sonnenlicht; rostrot, orange, goldgelb, hellsandig auch die Felsen der Umgebung. Eine Stunde lang schwebt der Heißluftballon über die Landschaft. Anfangs wird in 200 bis 300 Meter Höhe geflogen, später geht es bis auf 1000 Meter hinauf.

Selbst bei schönstem Sonnenschein und blauem Himmel aber bleibt der Ballon mitunter am Boden: Bei Windgeschwindigkeiten von mehr als 15 km/h ist eine Fahrt zu gefährlich. Zwei bis vier Gäste können pro Korb – der „nacelle" – über den Luberon schweben, 1,10 Meter Körperlänge ist Minimum zur Mitfahrt, Altersgrenzen nach oben oder unten gibt es nicht.

In der Ferne erscheint Gordes am Horizont als wehrhaftes Häusermeer auf einem Felsvorsprung an der Südflanke der Monts de Vaucluse. Tief im Tal plätschert der Calavon. Langsam sinkt der Ballon hinab. Der weite Blick über die Berge weicht der Vogelperspektive auf das Tal. Über Funk wird der Landeplatz mit dem Bodenpersonal abgesprochen. Dann sind die Baumspitzen erreicht, der Ballon landet mit einem Plumps, und doch überraschend weich, auf einer Wiese. Plötzlich macht es „plopp": Auf das „Baptême en Air", die erste Reise im Heißluftballon, wird mit Champagner angestoßen.

Ganz nach Wind und Wetter justiert der Ballonführer die Flughöhe.

Weitere Informationen

Einige Anbieter:
Montgolfière Luberon Vol-Terre:
Hameau des Goubauds, BP 27,
84490 Saint-Saturnin-lès-Apt,
Tel. 06 03 54 10 92, montgolfiere-luberon.com,
Start in Roussillon, 1 Pers. 230 €, 2 Pers. 450 €,
4 Pers. 850 €
France Montgolfières, France Montgolfières Sarl, 4 bis rue du Saussis,
21140 Semur-en-Auxois,
Tel. 03 80 97 38 61, france-balloons.com,
Start in Forcalquier, 1 Pers. werktags 189 €,
Wochenende 229 €, 2 Pers. 378/408 €
Sport Découverte (Reservierungszentrale):
Tel. 0892 23 03 63, sport-decouverte.com,
1 Pers. ab 250 €, 2 Pers. 480 €

Nahe am Schlaraffenland

Seit der Antike ist die Stadt Orange Hochburg der Kultur. Jenseits ihres imposanten Stadtgründungsbogens beginnt das Schlaraffenland der Drôme Provençale, in der edle Trüffeln, weißer Nougat, erlesene Weine und allerfeinste Bioprodukte für Hochgenüsse sorgen.

Viel Betrieb herrscht in der Brasserie L'Annexe an der Place Montfort im Zentrum von Vaison-la-Romaine.

"Sie ist die schönste Mauer des Königreiches", soll Ludwig XIV. begeistert beim Besuch des antiken Theaters geschwärmt haben, und bis heute sorgt das besterhaltene Amphitheater der Antike in Frankreich für lang anhaltenden Applaus: Vor seiner stimmungsvollen Kulisse präsentieren die Chorégies d'Orange alljährlich Weltstars bei Opernaufführungen und Klassikkonzerten. Ein Tanz-, ein Mittelalter- und ein Jazzfest wurden in letzter Zeit neu gegründet, Kulturdenkmäler saniert. Das lebendige Kulturleben ist Avignon zunehmend ein Dorn im Auge – eine unliebsame Konkurrenz.

Orange – oft nur als Verkehrsknoten angesehen, wo sich die Provence- und Languedoc-Sprintstrecken zur sechsspurigen Rhônetalautobahn A 7 vereinen und Megastaus zu Hauptferienzeiten bescheren – lockt nicht zuletzt mit Veranstaltungen dieser Art immer mehr Urlauber zu einem Abstecher.

Der Nougat-König

Naschkatzen halten bei der Fahrt in den Süden traditionell bei Arnaud Soubeyran, wo der berühmte Nougat von Montélimar seit 1837 hergestellt wird. „Das Wort Nougat", erklärt Olivier Honnoré, der als Enkel des Firmengründers den Betrieb leitet, „wurde nach Ansicht der Wissenschaftler von lateinisch ‚nux

Stadtgründungsbogen (ganz oben) und Théâtre Antique (oben) in Orange – der Rundgang durch das städtische Leben vor zweitausend Jahren lässt sich bei den Ausgrabungen in Vaison-la-Romaine (unten) fortsetzen.

Das Antike Theater in Orange dient als stimmungsvolle Kulisse.

gatum' (Kuchen mit Nüssen) abgeleitet. Doch ...", er schmunzelt und reicht uns einen Teller mit Naschereien, „... wir Einheimischen sind überzeugt: Nougat kommt von ‚tu nous gâtes' – und das bedeutet: Du verwöhnst uns!"

Dazu tragen in der Drôme Provençale auf ihre Weise auch andere Produzenten bei: Weit mehr als 1000 Biolandwirte, Biowinzer, Hunderte Hersteller von Produkten mit „Bio"-Auszeichnung und

Oben: In warmem Licht erstrahlt des Nachts die mittelalterliche Oberstadt von Vaison-la-Romaine, über die einst die Burg des Grafen von Toulouse wachte.

Links: Im Gassengewirr der Haut-Bourg von Vaison-la-Romaine reihen sich Restaurants und Bars aneinander.

Rechts: Das Schloss von Grignan war zum Ende der Französischen Revolution nur noch eine Ruine. Erst im frühen 20. Jahrhundert wurde der Renaissancebau wieder errichtet. Seine Ausmaße sind immens. Die Räume werden für Konzerte, Lesungen und Festivals, die Fassaden als Bühnenkulisse genutzt.

Mitte: Versüßt wird die Reise in das Département Drôme mit einer weltberühmten Spezialität, die bis heute in kleinen Manufakturen handgefertigt wird: dem weichen, weißen Nougat von Montélimar.

Links: Majestätisch erhebt sich das Schloss von Grignan nördlich von Orange auf einem Felssporn. In einer Ausstellung bringt es den Besuchern seine Geschichte, aber auch das Leben von Marie de Rabutin-Chantal, der Marquise de Sévigné, nahe.

Auf zehn Hektar baut Geoffroy Canto unter anderem Syrah für seine ausdrucksvollen Roten der AOC Châteauneuf-du-Pape an.

Eine große Anzahl der Winzer öffnet im Weinbaugebiet Châteauneuf-du-Pape ihre Keller zur Verkostung – die Genießer freut's.

Special

Stoffe in der Provence

Mit feiner Nadel

In der Provence gibt es zwei große Textiltraditionen – Boutis als Stick- und Nähtechnik und Indienne als gewebter, bemalter oder bedruckter Baumwollstoff.

In der Boutis-Technik wird ein doppellagiger Stoff so bestickt, dass sich das Muster als Relief abhebt. Möglich machen dies kleine Polster, die beim Sticken zwischen die Stofflagen geschoben und mit feinen Stichen umrandet werden. Sizilianische Stickerinnen führten die Nähtechnik um 1470 in Marseille ein, wo es bis zur Französischen Revolution mehrere Boutis-Stickereien gab. Als zweiter Name wurde daher auch Broderie de Marseille geläufig. Boutis ist der Vorläufer des Quilts.

Um 1648 brachten Handelsschiffe farbig bedruckte Stoffe aus Indien nach Marseille, die ihre Farben beim Waschen nicht verloren, sondern ungleich leuchtender und bunter wirkten. Begeistert machte Madame de

Indienne: einst beliebter noch als Seide

Sévigné diese „Indiennes" am Hof des Sonnenkönigs populär. Indiennes-Manufakturen entstanden in Arles, Avignon und Nîmes, um die rasch steigende Nachfrage zu bedienen.

Mit Daniel und Stéphane Richard, beide gebürtig aus der Provence, begann die Renaissance der Indiennes. Sie belebten die im Jahr 1939 gegründete Marke Souleiado neu – und machten sie ab 2009 zum Synonym für Indiennes.

mehr als 20 Prozent Bio-Anbauflüche machen die Drôme zur führenden Öko-region Frankreichs.

Sehnsuchtsbriefe in den Süden

„Wo liegt denn das?", fragt selbst so mancher Franzose, obgleich im 17. Jahrhundert bereits Frankreichs berühmteste Briefeschreiberin von dieser Region schwärmte: die Marquise de Sévigné. Nachdem 1669 ihre geliebte Tochter Françoise d'Adhémar den Comte de Grignan geheiratet und mit ihm 1671 in die ferne Provence entschwunden war, schrieb die hochgebildete Madame nicht nur 750 Briefe in den Süden, sondern verbrachte auch im Sommer fern des Hofes gleich mehrere Monate bei Françoise auf dem Schloss von Grignan.

Von dessen Terrasse schweift der Blick weit über die vielgestaltige Landschaft der Drôme Provençale: am Horizont gen Osten der kahle Gipfel des Mont Ventoux und zum Nordosten hin die kargen Höhen des Royans-Vercors, davor sanft gewellte Hügel mit tiefgrünen Tannen und Gehöften, die in hellem Ocker aus dem Blätterdach der Reben ragen. Gen Westen gibt es immer weniger Hügel. Auf ihren Spitzen drängen sich Felsnester: Schloss, Kirche und ein paar Häuser hinter einer hohen Mauer. Sie heißen Mirmande oder La Garde-d'Adhémar und

Flora und Fauna an den Hängen des Mont Ventoux stehen als UNESCO-Biosphärenreservat unter besonderem Schutz.

sind mittags Ziel der Einheimischen: In den Bistrots de Pays wird authentische Landküche serviert. Dienstags gibt es „Caillette", Schweinehack mit Spinat, am Freitag im Winter ein Trüffelgericht.

Die Weine der Päpste
Im Jahr 1316 wurde ein kränklicher Mann von den Kardinälen zum Papst gewählt. Als Sommerresidenz bestimmte er ein kleines Örtchen auf halbem Wege von Avignon nach Orange: Châteauneuf-du-Pape. 1313 begannen die Bauarbeiten am Schloss, 1350 die Anlage des päpstlichen Weinbergs, dessen Tropfen Papst Johannes XXII. noch bis ins hohe Alter

den ihre AOC-Weine in Flaschen, die auf dem Etikett bis heute die gekreuzten Schlüssel Petri und die Tiara, die Papstkrone aus drei Kronen, tragen.

Genuss-Enklave
Papst Johannes XXII. war es auch, der 1317 das Gebiet rund um Valréas unter die Autorität des Heiligen Stuhls stellte. Noch heute bildet die Enclave des Papes mit Valréas als Hauptstadt ein Einsprengsel im Département Drôme. Zu ihr gehören die Kommunen Richerenches mit großem Trüffelmarkt, das Winzerdorf Visan und Grillon mit seiner mittelalterlichen *bourg.*

Frankreichs Trüffelland
Zwischen Montélimar, Nyons und Orange werden 80 Prozent der köstlichen schwarzen Pilze geerntet. Das Tricastin ist die Trüffelhochburg Frankreichs. In 68 Gemeinden züchten hier Trüffelbauern seit Jahrhunderten den begehrten *tuber melanosporum.* „Nur reife Trüffel riechen", erzählt Bruno Chartron, der als Trüffelpapst der Drôme gilt: Als einziger Spitzenkoch besitzt er einen eigenen Trüffelhain. Dort, wo der Pilz rund um die Bäume Hexenringe geschaffen hat und die Erde *brûlée,* verbrannt, ist, sind daher die Chancen für die Hunde am größten, einen Edelpilz zu finden, verrät er. Von Mitte November bis Mitte März verkaufen die Trüffelbauern ihre edlen Knollen auf den Märkten, die während der Saison an wechselnden Orten abgehalten werden. Auf dem Marché des Professionels wandern die Händler mit Plastiktüte oder Sporttasche in der Hand unter Platanen hin und her oder öffnen den Kofferraum, in dem der Edelpilz in Plastikcontainern aufgereiht ist. Zeigt ein Großhändler oder Gastwirt Interesse, wird ein rascher Blick in die Tüte gewährt und der Preis bestätigt: 1000 Euro je Kilo für den schwarzen Trüffel des Tricastin, der unter Feinschmeckern als der Edelste unter Europas 32 Trüffelarten gilt. Bezahlt wird stets bar.

In den Bistrots de Pays wird eine authentische Landküche serviert, im Winter Trüffeln.

genießen konnte. Das Schloss wurde im 16. Jahrhundert zerstört, der Wein weltberühmt. Auf kalkhaltigen Kiesböden ragen auf 3100 Hektar seine meist nur kniehohen Weinstöcke von Erzeugern auf, deren Cuvées teils Kultstatus unter Weinkennern besitzen. Abgefüllt wer-

Kondition für das Mammutprogramm an Genuss gewinnen Besucher durch die Angebote im Département: Auf über 5000 Kilometer Wanderwegen, 2500 Kilometer Reitwegen, 2000 Kilometer markierten Radrouten lässt sich die Drôme Provençale aktiv entdecken!

Hinter Séguret (oben), einem Dorf mit Mittelaltercharme, erheben sich wie Spitzen (frz. *dentelles*) die Dentelles de Montmirail. Die Grate der Kalksteinkette (Mitte) zeigen sich scharf und spitz und von Felsfenstern durchbrochen.

Radsportler nehmen die Herausforderung gerne an, die der Mont Ventoux bietet: Der kahle Wächter der Provence erhebt sich 1912 Meter hoch, häufig heißt es, um gegen einen starken Wind anzukämpfen.

Die Erfrischung, die der Händler mit seinen *pâtes de fruits* auf dem Mont Ventoux verkauft, ist nach dem Aufstieg sehr willkommen.

SLOW FOOD IN DER PROVENCE

Neue Küche aus alten Sorten

Sie ist das Land des Weinbaus, der Olivenhaine, ein riesiger Obst- und Gemüsegarten, Heimat der Trüffeln und Hochburg des Slow Food: die Provence. Engagierte Köche und Erzeuger, Gourmetfeste und Geschmacksabenteuer für den Gaumen halten die kulinarische Vielfalt lebendig.

Weltweit feiert Slow Food die Wiederentdeckung der lokalen Küche. „Bon, propre et juste" – die Haltung, achtsam mit Lebensmitteln umzugehen und nachhaltig wie fair hergestellte Produkte zu verwenden, geht auf die 1980er-Jahre zurück. In der Provence lädt die *cuisine du terroir* ein, authentische Genüsse zu entdecken. Kleine Produzenten, Köche, die sich aus eigenen Gärten versorgen, und Genussforscher, die alte Sorten aus der Vergessenheit holen, sorgen dafür, dass diese Küche im Land tief verwurzelt bleibt.

Glutenfreie Gaumenschmeichler

Ob gluten- oder laktosefrei, ihre Gerichte für Allergiker gefallen dem Gaumen und das Auge genießt: Nadia hat zusammen mit ihrer Mutter, der Spitzenköchin Reine Sammut, aus der Auberge La Fenière (Bild links) in Cadenet die Cuisine libre entwickelt – eine antiallergene, kreative und geschmacksintensive Küche auf Basis lokaler Erzeugnisse, die sich mit der Haute Cuisine verbindet. „Tolérance" ist ihr Herausstellungsmerkmal.

Blüten für den Teller

Aventurières du Goût, Geschmacksabenteurerinnen, nennen sich Jacqueline Toumissin und Odile Daniel. Im Tal des Toulourenc laden sie ein, essbare Pflanzen und Blüten zu entdecken. Das Ziel der beiden Frauen:

Groß und Klein für eine gesunde Ernährung zu sensibilisieren. Amaranth, Spitzwegerich, Malven, Pimpernelle, Sauerampfer, Löwenzahn und Weinblätter wandern beim Spaziergang in den Korb. Dann wird zerkleinert, püriert und gekocht. Und gemeinsam draußen auf der Terrasse geschlemmt: Polenta mit Wildblüten, Ziegenkäse mit Brennnessel auf Feige ... Gerichte, die das Erbe des „Terroirs" sind.

Dem Grün auf der Spur

Potager d'un Curieux, Garten eines Neugierigen, nennt Jean-Luc Danneyrolles die Fläche, auf der er seit 1985 rund 200 alte Gemüse-, Obst- und Blumenspezies kultiviert, darunter vergessene Tomatenarten wie die Principe de Borghese oder Noire de Crimée. Der gärtnernde Aktivist setzt der Gentechnik selbst produziertes Saatgut entgegen. Mit den Samen können experimentierfreudige Gärtner in ihrem eigenen Garten vergessene Kulturpflanzen ziehen.

Naturgärten stehen auch im Mittelpunkt der „Plantes Rares et Jardin Naturel", eines Festes, das Sérignan-du-Comtat alljährlich begeht. Im Herbst feiert das Festival „Ventoux Saveurs" drei Wochen lang die lokalen Produkte mit Ausstellungen, Kochkursen und kulinarischen Wanderungen. Fast zeitgleich treffen sich provenzalische Spitzenköche bei der „Fête de la Gastronomie de Provence".

Oben: Haute Cuisine verbindet sich in der Auberge La Fenière mit dem Slow-Food-Gedanken.

Unten: Natur zum Begreifen in Sérignan-du-Comtat

Seltene Pflanzen sind die Stars beim Fest „Plantes Rares et Jardin Naturel".

Fakten & Informationen

Allgemein: slowfood-provence.fr
Auberge La Fenière: Nadia Sammut, Route de Lourmarin, 84160 Cadenet, aubergelafeniere.com
Aventurières du Goût: Le Village, 84390 Brantes, lesaventurieresdugout.org, April–Nov.
Potager d'un Curieux: La Molière, 84400 Saignon, facebook.com/LePotagerdunCurieux, März–Okt.

Feste und Festivals (Auswahl)
April – Plantes Rares: plantes-rares.com. Sept. – Festival Ventoux Saveurs Nature: Carpentras, ventoux-saveurs.fr.
Fête de la Gastronomie: Aubagne, economie.gouv.fr

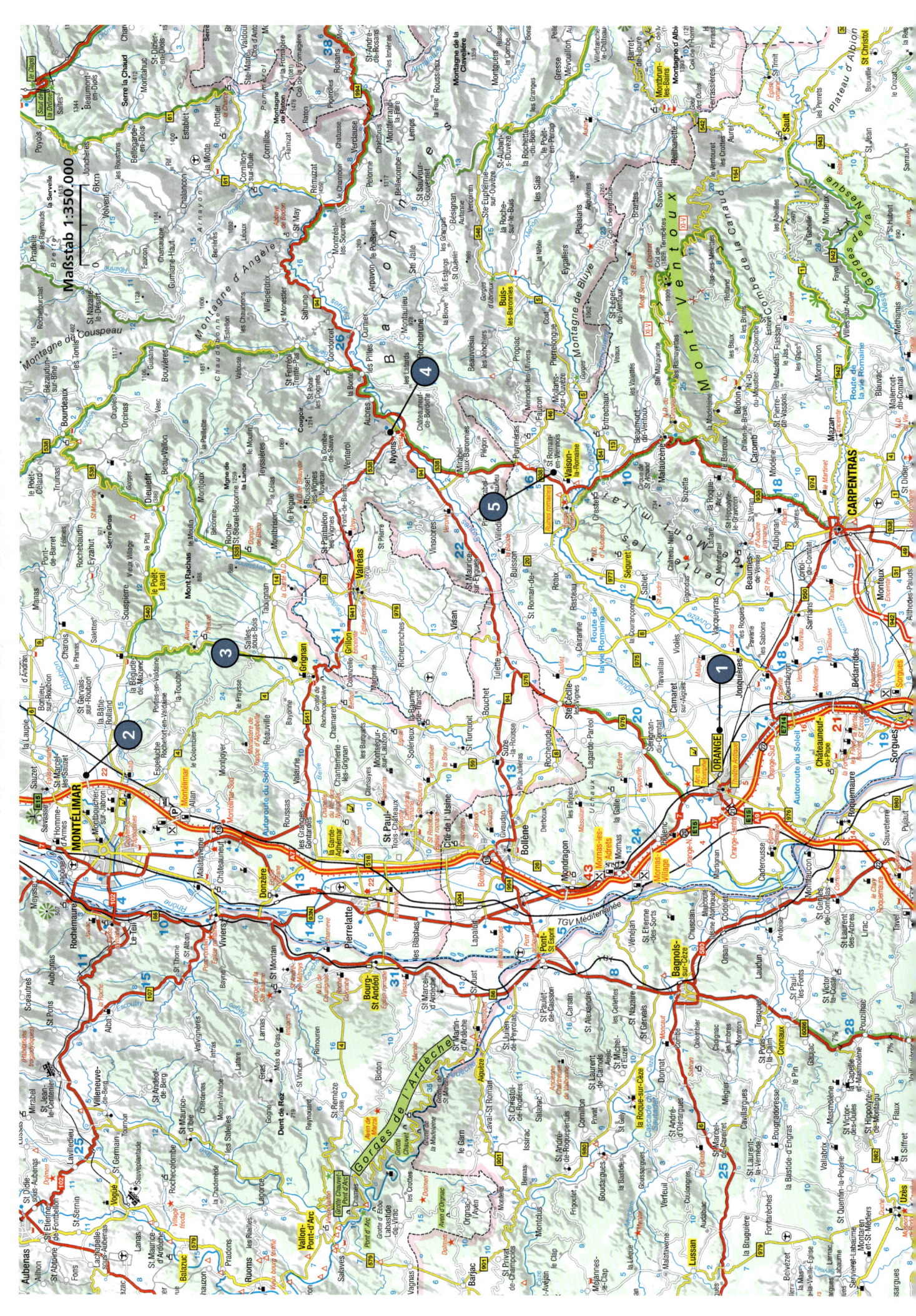

Faszinierende Antike und raue Bergwelt

In der Antike haben die Römer, im Mittelalter die mächtigen Grafen von Adhémar dem Norden der Provence ihren Stempel aufgedrückt. Markant in der Region ist der Mont Ventoux, zu dessen Fuß sich die Trüffelwälder, Olivenhaine, Rebgärten und die Lavendelfelder des Sault-Tales erstrecken.

❶ Orange

Die Römerstadt (30 025 Einw.) liegt an der Route du Soleil, die sich kurz vor dem Ort in die Autobahnen A7 (Marseille – Côte d'Azur) und A9 (Languedoc) teilt.

SEHENSWERT

In Orange ist das einzige **Antike Theater** TOPZIEL Frankreichs, das noch eine Bühnenmauer besitzt: 36 m hoch und 103 m lang, bildet sie die Kulisse für sommerliche Opernaufführungen (choregies.fr) mit Weltstars (Théâtre antique, rue Madeleine Roch, Tel. 04 90 51 17 60, theatre-antique.com, April–Sept. 9.00 bis 18.00/19.00 Uhr, sonst kürzer, Erw. 9,50 € inkl. Muscum). Ebenfalls aus römischer Zeit erhalten ist an der antiken Via Agrippa nach Lyon ein 18 m hohes, dreibogiges **Monumentaltor**, das oft als Triumphtor (Arc de triomphe) betitelt wird. Die antiken Inschriften verraten jedoch, dass es sich um einen Stadtgründungsbogen handelt. Die **Altstadt** von Orange, die sich nördlich des Theaters erstreckt, wurde in den letzten Jahren behutsam saniert; sehenswert sind vor allem die ehemalige Kathedrale **Notre-Dame** (1083–1126) und das schmucke **Rathaus** (Hôtel de Ville) von 1671. Treppenwege führen hinauf zur **Colline Saint-Eutrope.** Vom 105 m hohen Hügel, heute mit großem Park samt Ruinen, Spielplätzen und dem Restaurant La Guinguette (facebook.com/laguinguetteorange), bieten sich schöne Ausblicke auf Stadt und Antikes Theater.

MUSEUM

Gegenüber dem Theater bereitet das **Musée d'Art et d'Histoire** die Stadtgeschichte seit der Antike auf – bis zur Salle de Wetter, die auf die Indiennes-Manufaktur von Jean-Rodolphe Wetter in Orange verweist. Dort sind ab 1757 Kattungewebe exotisch bedruckt worden (rue Madeleine Roch, Tel. 04 90 51 17 60, theatre-antique.com, April–Sept. 9.15–18.00/19.00 Uhr, sonst kürzer, Erw. 5,50 €).

HOTEL

Kinderfreundlich ist das **€€ Hôtel Arène** (4-6-8 place de Langes, hotel-arene.com) mit Familienzimmern und zwei beheizten Pools.

Herz der Stadt Orange ist das Antike Theater (o.). Ausgrabungen aus römischer Zeit sind umfassend auch in Vaison-la-Romaine zu bewundern (re.).

UMGEBUNG

Rund 50 Winzer ermöglichen in **Châteauneuf-du-Pape** (11 km südl.) eine Verkostung. Zwischen Vallon-Pont-d'Arc und Saint-Martin-d'Ardèche hat die Ardèche die grandiosen **Gorges de l'Ardèche** geschaffen (45 km nordwestl., gorgesdelardeche.fr); ein Erlebnis ist, durch die 26 km lange Schlucht zu paddeln (guides-nature-gorges-ardeche.net)!

INFORMATION

Office de Tourisme d'Orange, 5, cours Aristide Briand, 84100 Orange, Tel. 04 90 34 70 88, orange-tourisme.fr

❷ Montélimar

Wer aus dem Norden kommt, merkt gleich: In Montélimar (37 200 Einw.) beginnt der Süden.

SEHENSWERT

Montélimar entwickelte sich zu Füßen des **Château des Adhémar** (12. Jh.), der bedeutendsten mittelalterlichen Wohnburg im Rhônetal, die im 16. Jh. ihre Bastionen erhielt. Fast 500 Jahre lang Gefängnis, birgt sie heute ein Kunstzentrum, das mit Ausstellungen international berühmter Künstler wie Daniel Buren und Olga Kisseleva für Aufsehen sorgt (chateaux-ladrome.fr/fr/chateau-des-adhemar-montelimar, Juli/Aug. tgl. 10.00–18.00, sonst 10.00–12.30, 14.00–18.00 Uhr, Erw. 6 €). Als grüner Gürtel umgeben die Platanen-Boulevards der **Allées Provençales** die Altstadt – samstags mit großem Markt! Das **Collégiale Sainte-Croix** ist für seine Hamburger Beckerath-Orgel berühmt, die u. a. bei den Jour de l'Orgue (Mai) erklingt (12, rue Sainte-Croix, beckerathamontelimar.com). Zu den schönsten Stadtpalais der Renaissance gehört die **Maison de Diane de Poitiers** (1549).

UMGEBUNG

In und um **Dieulefit** (27 km östl.) arbeiten rund 40 Töpferei- und Keramikwerkstätten – in ungeraden Jahren wird zu Pfingsten ein Töpfermarkt abgehalten.

Hoch über den Gorges de la Nesque verläuft die kurvenreiche Straße mit tollen Aussichtspunkten.

INFORMATION

Montélimar Tourisme,
Espace St Martin, 26200 Montélimar,
Tel. 04 75 01 00 20,
montelimar-tourisme.com

Tipp

In der Welt des Nougats

Fast vier Stunden brauchen die Mitarbeiter bei Arnaud Soubeyran, um das Konfekt aus Eischnee, Zucker, Lavendelhonig und Mandeln herzustellen. Wie das geht, zeigen Führungen und sein Nougatmuseum. Auch Monsieur Savin lädt in Montélimar ein, hinter die Kulissen der handwerklichen Herstellung zu schauen. Als süße Erlebnis- und Shoppingwelt mit Nougatfabrikation, Spielewelt, Museum und Shop begeistert der Palais des Bonbons et du Nougat gerade auch junge Naschkatzen.

Soubeyran: Zone Commerciale sud,
RN 7, nougatsoubeyran.com
Savin: SUPREM'NOUGAT, 3, avenue
St-Martin, suprem-nougat.fr
Palais: 100 Route de Valence,
palais-bonbons.com

❸ Grignan

Grignan (1590 Einw.), seit der Bronzezeit besiedelt, ist mit seinem Renaissanceschloss schon vom Anblick her Provence pur.

SEHENSWERT

Atemberaubend ist die Aussicht von der Terrasse des **Château de Grignan** TOPZIEL (chateaux-ladrome.fr, Juli/Aug. tgl. 10.00–18.00 Uhr, sonst kürzer, 8 €). Ihre letzte Ruhestätte fand die Marquise de Sévigné in der Stiftskirche **Saint-Sauveur** (1535–1939), die unterhalb der Schlossterrasse von Louis Adhémar mit zwei Viereckstürmen und Fensterrose im gotischen Stil errichtet worden ist. Den Zugang zum versiegelten Grab markiert vor dem Altar ein großer Stein aus Marmor.
Hinab in den Ort mit einem **Brunnendenkmal der Sévigné** (1857) an der Place de l'Horloge führen kleine, enge Gassen, die sich um den Berghang winden.

MUSEEN

In der Maison du Bailli ist die **Maison de l'Imprimeur / Colophon** mit Buchdruckerwerkstatt und Museum ein Kleinod für alle, die Literatur und Lettern lieben (3, place Saint-Louis, colophon-grignan.fr, Juli/Aug. tgl. 10.30–14.30, 16.00–19.00 Uhr, sonst kürzer, Erw. 5 €). Der Schreibkunst und Kalligrafie widmet sich die **Galerie Terres d'Écritures** (rue Saint-Louis, artistescontemporains.org, Zeiten s. Website). Als größte Krippenszene der Welt wird das **Village Provençale** im Guinnessbuch der Rekorde geführt – auf 400 m² zeigt es provenzalische Dorfszenen mit Figuren, die 0,7 bis 30 cm messen (La Tuilière, Route de Valréas, village-miniature.fr, Juli/Aug. tgl. 10.00–19.00 Uhr, sonst kürzer, 5,50 €).

HOTEL

Im Stadtpalais €€€ **Le Clair de la Plume** duftet jedes der zehn rustikal-edlen Zimmer nach Lavendel (place du mail, clairplume.com).

UMGEBUNG

Die Marquise de Sévigné suchte zum Schreiben gerne die **Grotte de Rochecourbière**

Tipp

Eine Messe für den Diamanten

Die Saison der Trüffelmärkte beginnt jährlich um den 21. November in Richerenches mit dem „Ban des Truffes", einer festlichen Messe. Die Trüffelsucher bringen ihre prächtigsten Exemplare als Gaben mit, die die Kirche mit intensivem Duft erfüllen. Anschließend führt die „Confrérie du Diamant Noir et de la Gastronomie" in traditioneller Kluft einen Straßenumzug bis zum Rathaus, wo die Trüffel gewogen und zugunsten der Kirche versteigert werden.

www.richerenches.fr

(1 km südl.) unter einem Felsüberhang auf. 8 km südl. liegt das Trüffelstädtchen **Richerenches**. Die Burg von **La Garde-d'Adhémar** (17 km westl.), die auf einem Felsen über der Rhône thront, weist den Weg zum gleichnamigen Dörfchen. Für Gänsehaut sorgen weitere 8 km westl. die imposanten Echsen der **Ferme aux Crocodiles** (395, allée de Beauplan, Pierrelatte, lafermeauxcrocodiles.com, Juli/Aug. 9.30–19.00, sonst bis 17.00/19.00 Uhr, 17 €). Das Musée de Soie in **Taulignan** zeigt die Entwicklung von der Raupe zur Seide (7 km östl., place du 11 novembre).

INFORMATION

Office de Tourisme du Pays de Grignan, 12, place Jeu de Ballon, 26230 Grignan, Tel. 04 75 46 56 75, grignanvalreas-tourisme.com

❹ Nyons

Klein und schwarz sind die Früchte, die Nyons (6700 Einw.) berühmt gemacht haben: Oliven. Sie gedeihen in dem milden Mikroklima.

SEHENSWERT

Die große **Altstadt** von Nyons liegt am rechten Ufer des kleinen Flüsschens Eygues, das seit 1409 der **Pont Roman** als Steinbrücke mit einem 43 m breiten Bogen überspannt. An der Promenade de la Digue präsentiert der **Jardin des Arômes** 200 Duft- und Heilpflanzen. Wie aus Lavendel die ätherischen Öle gewonnen werden, verrät die **Distillerie Bleu Provence** bei Vorführungen (58, promenade de la Digue, distillerie-bleu-provence.com, Führungen Juli/Aug. Mo., Di., Do., Sa. 10.30, 15.00, Mi. 15.00, Juni, Sept. Di., Do. Fr. 15.00 Uhr, sonst kürzer, Erw. 5,50 €). Die überdachte Rue des Grands Forts führt hinauf zur Ruine des **Château Féodal**, das im 13. Jh. zum Schutz des Monastère Saint-Vincent errichtet worden war.

MUSEEN

Einblicke in Anbau und Verarbeitung von Oliven gewährt die **Coopérative du Nyonsais** im Erlebnismuseum Vignolis (place Olivier de Serres, vignolis.fr, April–Nov. Mo.–Sa. 9.00 bis

12.20, 14.00–18.30/19.00, Juli/Aug. tgl. 9.00 bis 19.00 Uhr). Fasermatten *(scourtins)* für die Öl-pressen stellt die **Scourtinerie** her (36, La Ma-ladrerie, scourtinerie.com, Mo.–Sa.).

VERANSTALTUNG

Anfang Feb. feiert Nyons die **Fête de l'Alico-que,** bei der Mitglieder der „Chevaliers de l'Olivier" in Festtracht das neue Öl auf einer Scheibe Knoblauchbrot testen (nyons.com).

INFORMATION

Office de Tourisme du Pays de Nyons, Place de la Libération, 26110 Nyons, Tel. 04 75 26 10 35, paysdenyons.com

⑤ Vaison-la-Romaine

Vaison (6100 Einw.) besteht aus der Oberstadt mit Burg und Einkaufsstraßen sowie dem anti-ken Vasio nördlich des Zentrums, Frankreichs größter römischer Ausgrabungsstätte.

SEHENSWERT

Fast 70 ha groß war einst die römische Stadt **Vasio.** Im Quartier de la Villasse führt die Rue Centrale bzw. Rue aux Boutiques zu den anti-ken Thermen; im Quartier de Puymin sind v. a. das luxuriöse Patrizierhaus Maison de Messii, das Theater und das Musée Archéologique Théo-Desplans sehenswert (rue Bernard Noël, vaison-ventoux-tourisme.com, Juni–Sept. tgl. 9.30–18.30 Uhr, sonst kürzer, Erw. 9 €).
In die Oberstadt kommen Sie über den **Pont Romain,** der mit einem einzigen Bogen die Ouvèze überspannt. Durchs Gassengewirr der **Haute-Bourg** geht es hinauf zur Burgruine mit ihrem Paradeblick auf den Ort und das Umland.

HOTEL

€€/€€€ **Le Beffroi** in der Oberstadt gehört, etwas nostalgisch, zu den besonders radfah-rerfreundlichen Hotels der Provence (2, rue de l'Évêché, Tel. 04 90 36 04 71, le-beffroi.com).

RESTAURANT

Provenzalische Küche serviert €/€€ **L'An-nexe** (place Montfort, Tel. 04 90 36 00 03).

UMGEBUNG

Im Süden ragen die **Dentelles de Montmirail** (15 km) auf und begeistern Sportkletterer mit schwierigen Routen entlang der 8 km breiten Kalkkette. Von Weinbergen umgeben ist **Ségu-ret** (9 km südwestl.). Was auf der Kuppe des **Mont Ventoux** (20 km östl.) weiß glitzert, ist kein Schnee, sondern „lauze", ein heller Stein. Auf einem Hügel gelegen ist das Städtchen **Sault** (45 km südöstl.), Ausgangspunkt für die Route de la Lavande (s. Thema „Lavendel") und den Mont Ventoux. Von hier sind die **Gorges de la Nesque** (54 km südl.) bald erreicht.

INFORMATION

Office de Tourisme, place du Chanoine Sautel, avenue Général de Gaulle, 84110 Vaison-la-Romaine, Tel. 04 90 36 02 11, vaison-ventoux-tourisme.com

Genießen   Erleben   Erfahren

DuMont Aktiv

Radtour am Mont Ventoux

Große wie kleine Hobbyradler können den legendären Berg bei unserer Tour von allen Seiten erleben. Sie starten in Villes-sur-Auzon am Weinkeller TerraVentoux. Gut versorgt mit Proviant und Routeninfos, radeln Sie auf der D 942 in die Gorges de la Nesque zum Aussichtspunkt des Felsens Rocher du Cires. Die Schlucht, bis zu 300 Meter tief, zunächst geradezu lieblich, wird immer schroffer und karger. In Monieux (23,5 km) berichtet das Musée de la Truffe (place Jean Gabert, Mi.–So.) von der „Rabasse", der Trüffelsuche am Ventoux. Weiter auf der D 942 errei-chen Sie Sault (7 km), wo die Distillerie Aroma'Plantes verrät, wie aus Duftpflanzen ätherische Öle gewonnen werden (distillerie-aromaplantes.com, ganzjährig) – die Hochebene von Sault ist die Region für Lavendel und Dinkel!

Die erste Tagesetappe endet nach weiteren 11 Kilometern in Aurel, vielleicht gleich mit einer erholsamen Nacht im Relais du Mont Ventoux. Die D 952 bringt Sie am nächsten Tag nach Reilhanette, wo sich die Thermen von Montbrun-les-Bains zu einem Abstecher eignen. Die D 72 und D 40 durch das Tal des Toulourenc versprechen großartige Panoramaaussichten auf den Ven-toux. Hinter Brantes (14,5 km) geht es via D 40 und D 5 weiter nach Mollans-sur-Ouvèze (15 km). Der Tag kann in Malaucène (15 km) gut im Spa Ventoux mit Wellness ausklingen.

Am dritten Tag kommen Sie an Suzette und Le Barroux vorbei auf der D 90 zum Städtchen Caromb (16,5 km) zu Füßen der Bergspitzen der Den-telles de Montmirail. Über Crillon-la-Brave und Bedoin wird Flassan (19 km) erreicht, wo Ruchofruit die Aromen der Region versüßt – als Konfitüre in 50 Sorten (ruchofruit.fr). D 19 und D 184 bringen Sie zurück zum Ausgangs-punkt Villes-sur-Auzon (5,5 km), wo Sie im Hotel Erholung finden können.

Den Mont Ventoux mit seinen Abfahrten schätzen Freizeit- wie Sportradler.

Weitere Informationen

Strecke: 120 km
Dauer: 3 Tage
Fahrrad: Gelände-/Mountainbikefahrrad, E-Bike oder Tourenfahrrad;
Verleih: TerraVentoux: 253, route de Carpen-tras, Villes-sur-Auzon, terraventoux.fr
Karte: IGN 3140 ET Mont Ventoux, 1 : 25 000
Achtung: Die Strecke ist gut markiert, aller-dings nur für die hier beschriebene Fahrtrich-tung gegen den Uhrzeigersinn. In jedem Etap-penort stehen Infotafeln zur Route.
Unterkünfte (Auswahl):
Villes-sur-Auzon: Le Leyrac, 194, route de Saint-Honorat, leleyrac.fr
Aurel: Relais du Mont Ventoux (Le Village, relais-du-mont-ventoux.com)
Malaucène: Spa Ventoux, spa-ventoux-provence.com

Bergwelt mit Falten

In der Haute-Provence wachsen die Hügel zu Bergriesen empor, Felsgestein faltet sich dramatisch und eröffnet einzigartige Einblicke in die Erdgeschichte. Bei seinem Marsch auf Paris kam Napoleon durch die stillen bäuerlichen Landschaften der Haute-Provence, deren Grenzfeste Sisteron Farben und Flair des Südens bewahrt. Gekurt wird seit Römerzeiten in Digne-les-Bains.

Seine spektakuläre Lage unter dem Rocher de la Baume macht Sisteron zur Perle der Hochprovence.

Vor 200 Millionen Jahren zerbrach der Superkontinent Pangäa in mehrere Platten und schuf zwischen Ur-Afrika und Ur-Europa ein seichtes, warmes Meer: den Thetys-Ozean. Seine Fluten bedeckten auch das Gebiet der Haute-Provence. Ablagerungen von Korallen, Algen und Muscheln senkten sich als Sedimente auf den Boden, verfestigten sich unter der Einwirkung von Hitze und Druck und schufen so Sand- und den hellen Kalkstein, der heute die Landschaft prägt. Vor 100 bis 20 Millionen Jahren rückte Ur-Afrika näher, schob die Thetys zusammen und drückte ihre Kalk-, Sand- und Tongesteine in einen Tiefseegraben, der sich füllte. Die Afrikanische und die Europäische Platte stießen aufeinander, die Afrikanische Platte drückte nach Norden, schob sich unter die Europäische Platte. Der Meeresboden faltete sich unter dem enormen Druck: Die Alpen entstanden.

Lebendige Geologie

Rund um Digne-les-Bains lässt sich die Gebirgsbildung auf engstem Raum entdecken. Die Region bietet aus vier Erdzeitaltern einen so reichen Schatz an Fundstellen und Fossilien, dass sie bereits im Jahr 2000 von der UNESCO zum ersten Geopark in Europa erklärt wurde. Allein die Ammonitenplatte von Digne, die Dalle aux Ammonites, versammelt

Spannend inszeniert die Haute-Provence ihre Erdgeschichte.

mehr als 1550 Ammoniten auf sich, einige mit einer Größe von bis zu 70 Zentimetern, aber auch Muscheln, Belemniten („Donnerkeile", also Kopffüßer), muschelähnliche Brachiopoden (Armfüßer), Nautilusarten und Seelilien – alle mehr als 200 Millionen Jahre alt.

Entdeckt wurden die Zeugnisse der Urzeit erst Anfang des 20. Jahrhunderts bei Straßenbauarbeiten für die D 900 A. Bei Barles führt eine Wanderung durch

Turmbewehrt: Belfried in Lurs (oben) und Schlossturm in Sigonce (Mitte). Naturstein dominiert in Lurs (unten).

Oben: Oberhalb des Dorfes Les Mées ragen im Tal der Durance Felsen in bizarren Formen empor – die Pénitents des Mées.

Links: Der pure Landschafts-genuss – ein Picknick in der Montagne de Lure, wo der Blick weit über die Höhen reicht.

Links: Elegantes
Haus in Sisteron mit
schmiedeeisernen
Brüstungen.
Rechts: Zahnähnliche
Verzierungen am
Portal der Abteikirche
von Ganagobie.

Die farbigen Mosaiken in der romanischen
Abteikirche von Ganagobie sind in ihrem
Ausmaß und ihrer Ikonografie in Frankreich
einzigartig.

Auf einem Felsriegel hoch über Sisteron thront die Zitadelle. Darunter duckt sich die Altstadt
mit ihren Gassen und hohen Häusern aus vergangenen Jahrhunderten.

Lurs zeichnet sich durch seine Lage hoch auf einem Berg aus –
ihr verdankt sich der weite Blick über das fruchtbare Tal der Durance.

Wald zu einem räuberischen Wirbeltier: 4,20 Meter groß, schmückt der Ichthyosaurus La Robine, halb Fisch, halb Echse, den Fels. Im Bachbett der Clues de Barles lassen sich versteinerte Meeresströmungen *(Courants fossiles)* bewundern. Die Pénitents des Mées, eine 114 Meter hohe und einen Kilometer lange Sequenz steinerner „Büßer" südlich von Digne, werden nachts sogar angestrahlt: So spannend wie stimmungsvoll inszeniert die Haute-Provence ihre außergewöhnliche Erdgeschichte.

Diese hat auch den britischen Land-Art-Künstler Andy Goldsworthy inspiriert. Rund um Digne-les-Bains hat er bei seinem „Refuge d'Art"-Projekt für traditionelle Steinhütten der Hirten und Bauern, Kapellen am Wegesrand und verlassene Hofstellen jeweils eine Skulptur gefertigt, die jetzt das ländliche Erbe schmücken. Ein 150 Kilometer langer Wanderweg erschließt als rund zehntägige Runde diese „Refugien der Kunst" – in drei von ihnen können Sie sogar kostenlos eine Nacht verbringen!

Napoleons Gewaltmarsch

Ob Napoleon wohl Augen gehabt hat für die geologischen Wunder der Haute-Provence, die er mit seinen Soldaten durchquerte? Im März 1815 war der geschasste Kaiser mit 900 Anhängern aus dem Exil auf Elba in Golfe-Juan (Vallauris) gelandet, hatte in Antibes die letzten Vorbereitungen getroffen und war über Grasse, Digne und Sisteron nach Gap marschiert, wo ihn die Menge begeistert empfing. Zwei Wochen später war er am Ziel: Am 20. März 1815 erreichte Napoleon Paris und stand im Innenhof des Tuilerienpalastes. Die Herrschaft der 100 Tage begann. Sie endete auf dem Schlachtfeld von Waterloo im Juni 1815. Nach seiner Abdankung vier Tage später wurde Napoleon nach St. Helena im Südatlantik verbannt.

Bis zu 50 Kilometer waren Napoleon und seine Anhänger täglich unterwegs gewesen. In nur einer Woche bewältigten sie die rund 335 Kilometer lange Strecke von Golfe-Juan bis nach Grenoble, nur drei Wochen brauchten sie bis Paris. Heute folgen die Nationalstraßen RN 85 und 75 als „Route Napoléon" ihrem Gewaltmarsch. Für Wanderer wurde die 165 Kilometer lange Fernwanderstrecke Grande Randonnée GR 406 zwischen Grasse und Sisteron angelegt. Auch Reiter können seit kurzer Zeit hoch zu Ross Napoleons Spuren folgen – auf dem Grand Itinéraire Equestre, der zum 200. Jahrestag des Marsches von der Fédération Française d'Équitation (FFE) und dem Comité National de Tourisme Équestre (CNTE) gemeinsam initiiert wurde.

Heilende Quellen

Bereits die römischen Feldherren tankten im Hügelland östlich der Durance Kraft und kurierten ihre Leiden. Saubere

Saubere Bergluft und heiße Quellen wirken seit der Antike wie ein Jungbrunnen.

Bergluft, 300 Sonnentage im Jahr und heiße Quellen wirken seit der Antike wie ein Jungbrunnen. Im Vallon des Eaux Chaudes östlich von Digne-les-Bains sprudeln gleich fünf Heilquellen. Die 37 bis 52 Grad Celsius heißen Quellen, die schon der römische Geschichtsschreiber

In Lavendelfelder gebettet: Banon mit seinen mehrstöckigen Häusern.

Plinius lobte, lindern mit ihrem hohen Gehalt an Schwefel, Brom, Chlor, Jod und Kalzium besonders Erkrankungen der Atemwege und chronisches Rheuma. Vom Kurmittelhaus, das direkt am Austritt der Quellen erbaut wurde, pendeln Busse in die Stadt. Zweites berühmtes Thermalbad der Haute-Provence ist Gréoux-les-Bains am Verdon (s. Kapitel Aix und der Osten), wo das 42 Grad Celsius warme Wasser reich an Magnesium und Spurenelementen ist.

Schafsfüße für Schlemmer

In der Haute-Provence ist Massentourismus ein Fremdwort. Hier, wo das Lila des Echten Lavendels mit dem Hellgelb der Dinkelfelder wechselt und bewaldete Hügelketten die Macht der Mistralwinde mildern, ist die Provence ländlicher, einsamer und authentischer als im Süden. Das Leben geht einen gemächlicheren Gang, die Küche ist bodenständig und ehrlich und Lamm das Fleisch, das fast täglich auf dem Teller landet.

Die Kooperative „Bergers du Soleil" vereint mehr als 400 Züchter, die mit ihren Schafherden über die Hügel wandern und dafür sorgen, dass das Lamm aus Sisteron so unvergleichlich zart und würzig schmeckt. Unter der Herkunftsbezeichnung IGP (Indication Géographique Protégée) ist es geschützt, mit

Auf den Spuren der Hugenotten

Frankreich 1685: Ludwig XIV. hebt das Edikt von Nantes auf, das seit 1598 den Hugenotten die Ausübung ihrer Religion in Frankreich garantierte.

Da der Sonnenkönig zur Sicherung seiner Macht auf die katholische Kirche setzt, werden vor allem die Hugenotten vertrieben. Sie suchen in unwegsamen Regionen Zuflucht – auch in der Haute-Provence, wo Sisteron eine ihrer Hochburgen wird. In Forcalquier verwandeln sie eine Wohnung in der Rue du Palais 12 in ein verstecktes Gemeindezentrum. Doch selbst dort bleiben die Hugenotten nicht unentdeckt. Wer erwischt wird, den „falschen" Glauben zu praktizieren, wird von den königlichen Soldaten gefangen genommen und nach Aigues-Mortes in die Camargue verschleppt. Dort landen die Männer als „Sträflinge des Königs" auf den Galeeren, die Frauen lebenslang im Turm „Tour de Constance" an der Wehr-

Ausgezeichnet markierter Fernwanderweg

mauer der Stadt. 30 Jahre verbringt die berühmteste Hugenottin dort im Dunkeln: Marie Durand. Ihre in die Wand geritzte Parole „résister" ist dort noch immer zu lesen…

Heute folgt der internationale Fernwanderweg „Auf den Spuren der Hugenotten" auf ca. 1800 Kilometer Länge dem historischen Fluchtweg der Hugenotten von der Dauphiné durch die Schweiz bis ins deutsche Exil, nach Bad Karlshafen in Hessen.

Links: Forcalquier –
Altstadtgasse und
achteckige Chapelle
Notre-Dame auf dem
Zitadellenhügel

Direktverkauf von Obst und Gemüse bei
Forcalquier

In Manosque gewährt die Porte du Soubeyran Zugang zur mittelalterlichen Stadt.

Reichlich Charme besitzen die
Städtchen im Tal der Durance wie
in den Bergdörfern der Haute-
Provence.

Rechts: Flohmarkt auf der Place
Bourguet in Forcalquier

Unten: Café mit viel Nostalgie im
westlich von Forcalquier auf dem
Plateau d'Albion gelegenen Dorf
Banon

Mitte rechts: Welche Auswahl
in der Bäckerei in Banon, von
würzigem Brot über leichte
Brioches bis zum frischen
Apfelkuchen – so lässt sich
ein ausgedehntes Frühstück
gestalten!

Links: Südfranzösisches Savoir-
vivre kennzeichnet die Altstadt
von Manosque mit ihren
Restaurants und Cafés.

Licht- und Schattenspiel in der Platanenallee ...   ... und auf den Kalkfelsen der Schlucht bei Oppedette.

*La Provence dissimule
ses mystères derrière
leur évidence.*

Die Provence versteckt
ihre Geheimnisse hinter
ihrer Offensichtlichkeit.

Jean Giono

dem Gütesiegel Label Rouge wird es verkauft und alljährlich zu Christi Himmelfahrt bei der Fête de l'Agneau in Sisteron gefeiert. Denn Sisteron ist Frankreichs Lammhauptstadt. 600000 Lämmer pro Jahr verarbeitet der städtische Schlachthof. Das Traditionsgericht „Pieds & Paquets" packt die Conserverie Rizzo in die Konserve. Bei den *pieds* handelt es sich um Schafsfüße, bei den *paquets* um kleine Pakete aus Schafsmagen, die mit Speck und Schinkenwürfeln, Knoblauch, Pfeffer und Petersilie gefüllt sind. Zehn Stunden lang köchelt die Speise in Blut und einer Weißwein-Tomatensoße langsam vor sich hin, bis sie so lecker schmeckt, dass Kenner kilometerweit fahren, um diese regionale Spezialität zu kosten. Im Zuge der Uniformisierung der Küchen verabschiedet sie sich allerdings langsam von den Speisekarten.

Der Kastanien-Käse

Der römische Kaiser Antoninus Pius (86 bis 161 n. Chr.) soll sich an einer Spezialität der Haute-Provence zu Tode gegessen haben, die in Kastanienblätter verpackt und mit Baststreifen fixiert wird: dem Banon. Als einziger Käse der Region Provence-Alpes-Côte d'Azur ist er als AOC geschützt, seine Herstellung genau festgeschrieben. Nur in 179 Kommunen der Départements Alpes-de-

Haute-Provence, Hautes-Alpes, Drôme und Vaucluse darf der rohe Ziegenkäse aus der Milch der Rassen Provençales, Roves und Alpines und deren Kreuzungen, die mindestens 210 Tage draußen weiden, hergestellt werden. Der Gerinnungsprozess der Milch – der erste Schritt der Käseproduktion – muss in dieser Region schnell abgeschlossen sein: Die Produktion von Ziegenkäse mit Milchsäuregärung und dadurch bedingter langer Fermentierung ist nicht möglich, da in der sommerlichen Hitze die Milch vor der Gerinnung längst verdorben wäre. So greifen die Provence-Bauern zu Lab – und arbeiten schnell, bleiben ihnen doch nur zwei Stunden, um bei etwa 30 Grad Celsius die Absetzung der Molke durchzuführen. Um ein schnelles Abtropfen zu ermöglichen, haben die Formen für den Banon recht große Löcher.

Findig waren die Bauern auch bei der Frage, wie ihr Käse für den Winter haltbar gemacht werden könne. Ihre Lösung: Sie tauchten ihn in Alkohol – und wickelten ihn in Kastanienblätter, deren Gerbstoffe den Käse konservierten. Fertig war die Eiweißbombe! Sie gehört ins Gepäck, wenn man durch die Hügel, Täler und Schluchten der Haute-Provence wandert, reitet oder radelt – oder sich vielleicht einen Esel für Lasten mietet.

LAVENDEL UND SEINE SPIELARTEN

Im Rausch des Lilablau

Bis an den Horizont reichende Reihen von violetten Streifen, die Dörfer und Landschaften in einen betörenden Duft hüllen: Der Lavendel ist das Symbol der Provence. Und Anlass für viele Feste, wenn er zur Blütezeit geerntet wird.

Vielfalt des Lavendels aus dem Glas: Der Laden in Banon bietet würzigen Honig, Lavendelöl und -duft an.

Von der Drôme bis zur Vaucluse, von den Alpen der Haute-Provence bis zu den Hochplateaus von Valensole und Sault – der Lavendel verwandelt von Juni bis August das Land in einen Traum aus Lila. In der Antike bereits wurde er geschätzt, die Römer brachten die Nutzpflanze aus Persien in die Provence. Doch längst nicht alles, was in der Provence wie Lavendel blüht, ist auch Echter Lavendel.

Echt braucht Höhe

Echter Lavendel *(Lavendula angustifolia)* wächst nur in Höhen ab 800 Meter – vor allem an den Südhängen der Hochebenen von Sault (s. Kapitel Orange/Drôme Provençale) und Albion, die 70 Prozent des Echten Lavendels liefern. In den *garrigues,* den Strauchheiden des Südens, wächst in Höhen bis 600 Meter der Speiklavendel *(Lavendula latifolia).* Diese deutlich größere Pflanze besitzt mehrere Blütenrispen und riecht stark nach Kampfer. Ebenfalls in den Tälern

wird ein Hybrid aus Speiklavendel und Echtem Lavendel kultiviert: Lavandin. Seine büschelartig angeordneten Blüten liefern einen kräftigen Lavendelduft, der gerne in Lavendelsäckchen genutzt und Reinigungsmitteln als „Duftnote" beigefügt wird – für die Parfumherstellung ist sein Duft nicht geeignet!

Garantierte Qualität

Anders der Echte Lavendel, der einst auch „blaues Gold" genannt wurde. Sein feiner Duft begeistert seit Jahrhunderten die Parfumhersteller. Ihrer stimulierenden und entspannenden

Wirkung wegen gehören seine ätherischen Öle zu den meist verwendeten Naturölen, sie helfen bei der Desinfizierung kleinerer Wunden, mindern den Reiz bei Insektenstichen – und erleichtern das Einschlafen.

Doch nur ein bestimmtes Öl erhält das AOC-Siegel (Appellation d'origine) vom staatlichen französischen L'Institut national de l'Origine et de la Qualitée, das Anbau, Verarbeitung und Qualität der AOC Lavande de Haute-Provence genau überwacht: Es stammt aus einer genau festgelegten Anbauregion – das sind 255 Dörfer in den Départements Alpes-de-Haute-

Eine beruhigende Wirkung geht allein schon vom Anblick und Duft der Lavendelfelder aus. So lädt das Plateau de Valensole geradezu zu einer Auszeit ein.

Erntezeit auf dem sommerlichen Plateau de Valensole.
Ganzjährig und sehr fein schmückt der Lavendel die Fayencen.

Fakten & Informationen

. . . .

Lavendel in Zahlen
Lavendelanbau: 2000 Produzenten
Anbaufläche: 18 200 ha Lavandin (0–600 m ü. d. M.),
4400 ha Lavendel (800–1800 m ü. d. M.)
120 Destillierbetriebe, davon 30 mit Publikumsverkehr
Produktion von ätherischen Ölen: 1380 Tonnen Lavandin,
84 Tonnen Lavendel
(Quelle: AOC Lavande de Haute-Provence, lavande-aop.fr,
CIHEF Comité Interprofessionel des Huiles Essentielles
Françaises, cihef.org)

Museum, Feste und mehr
Musée de la Lavande: 76, route de Gordes, 84220 Coustellet,
museedelalavande.com, Feb.–Dez. ab 9.00 Uhr, Erw. 8 €
Ausstellung inkl. einer Sammlung von Destillierkesseln

Lavendelfeste (Auswahl):
u. a. in Ferrassières, 1. So. im Juli; Valensole, 3. So. im Juli;
Barrême, letztes Juliwochenende; Thorame, Ende Juli;
Sault, 15. August; Digne-les-Bains, Anfang und Ende August

Les Routes de la Lavande (sechs ausgeschilderte Routen):
moveyouralps.com/fr/routes-de-la-lavande/itineraire-lavande

Provence, Vaucluse und Drôme. Die Pflanzen dazu wurden aus Samen gezogen und wachsen auf mindestens 800 Meter Höhe. Das Öl wird durch Wasserdampf-Destillation gewonnen.

Tausendsassa im Alltag
Schier unbegrenzt ist der Einsatz von Lavendel bei Körperpflege und Kosmetik. Bodylotions, Seifen, Dusch- und Badegels, Haar- und Gesichtskosmetik werden in der Provence werbewirksam mit Lavendel versetzt. Als natürlicher Badezusatz ist Lavendel ebenso beliebt wie als Blütenwasser, das reizlindernd wirkt. Von der Wäschespülung bis zum Raumduft, von Lavendelkerzen bis zu Duftstäbchen reicht die Palette der Produkte. Für Potpourris, Trockensträuße und andere Lavendeldeko züchten die Landwirte, die sich in der Assocation des Producteurs Lavande Fleurs et Bouquets zusammengeschlossen haben, seit fast 50 Jahren einen Lavendel, der besonders feste Blütenkelche besitzt und seine intensiv blaue Farbe auch nach dem Trocknen behält.

Lavendel? Lecker!
Längst hat Lavendel auch die Küche erobert. Nicht nur Fleisch- und Fischgerichte, sondern auch Kuchen, Limonade, Tee und Honig werden gerne damit gewürzt. Doch Vorsicht: Wer aus Versehen mit Speiklavendel würzt, verleiht den Speisen eine seifenähnliche Note – nur die Blüten und Blätter des Echten Lavendels sind äußerst aromatisch. Echter Lavendel gehört wie Fenchel, Majoran, Lorbeer, Bohnenkraut, Oregano und Salbei zu den „Kräutern der Provence". Manches Restaurant wie die L'Hostellerie du Val de Sault (valdesault.com) in Sault serviert köstliche Lavendelmenüs!

Lavendel und Spiritualität
Lavendel soll auch spirituelle Eigenschaften besitzen. Esoterikanhänger sagen, Duft und Farbe der Pflanze unterstützten dabei, die Intuition weiterzuentwickeln und im Innern loslassen zu können. Lavendel bringe Klarheit.

Lavendel in der Provence – eine Entdeckungsreise für alle Sinne!

Für einen Liter echtes
Lavendelöl werden
130 Kilogramm Rispen
benötigt – doch typisch
für Echten Lavendel ist
nur eine Blütenrispe pro
Stängel!

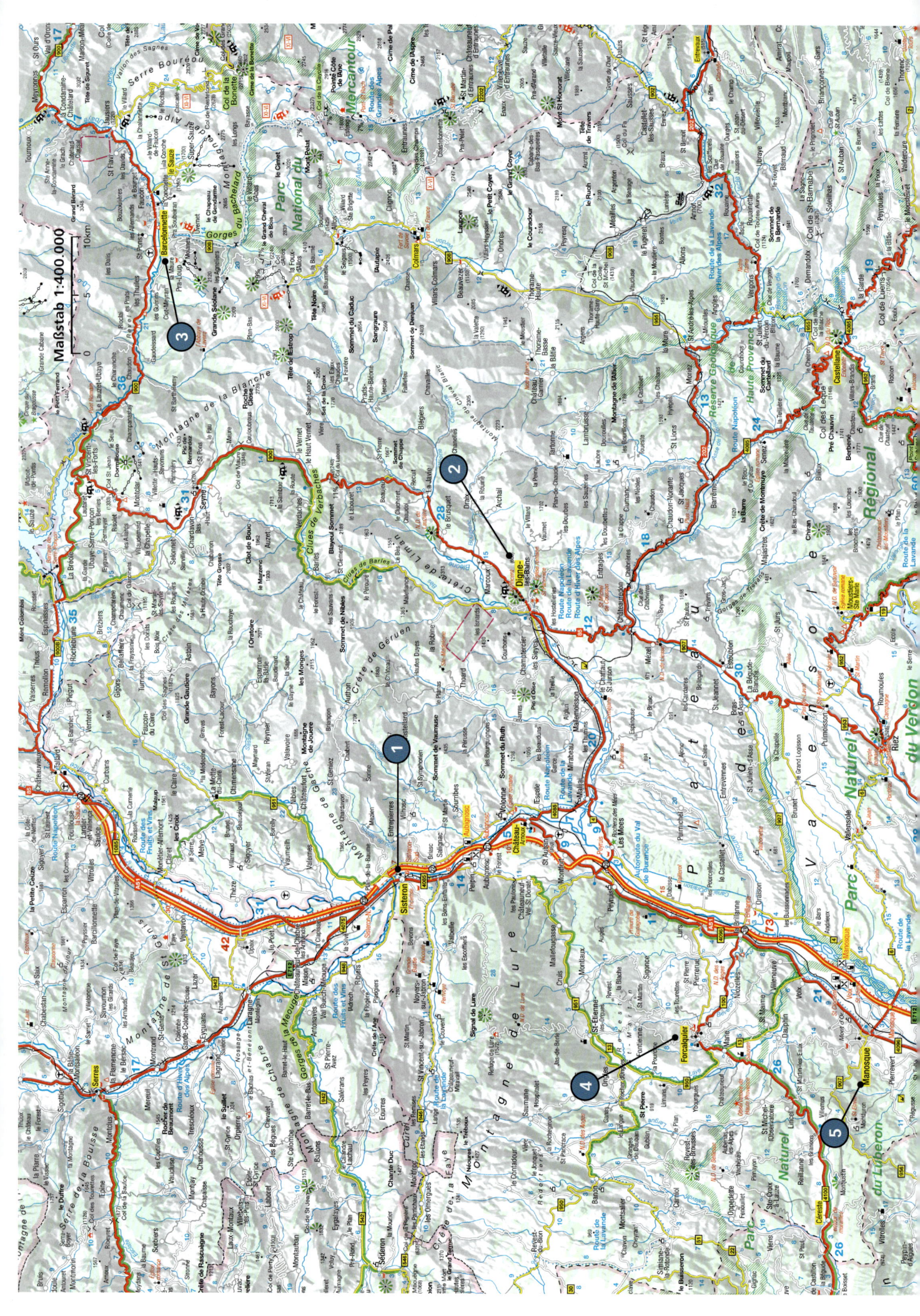

Fossilien, Fels und Flüsse

Die Montagne de Lure kratzt an der Zweitausendergrenze, der Rocher de la Baume stellt sich quer, und Flüsse fräsen sich in den Kalk: In der Haute-Provence gesellt sich alpines Flair zum mediterranen Ambiente – und schützt der älteste Geopark der Welt die einzigartigen Landschaften, in denen Städte und Dörfer stolz ihr Erbe bewahren.

① Sisteron

Das trutzige **Sisteron** TOPZIEL (7400 Einw.) an der Route Napoléon war schon immer das nördliche Einfallstor in die Provence – hier hat sich die Durance durch den Fels gebrochen und den Weg gen Süden geöffnet.

SEHENSWERT

Hoch über der Stadt thront seit 1209 die **Zitadelle,** zu ihr fährt im Sommer ein Bähnchen hinauf (citadelledesisteron.fr, Mai, Juni, Sept. 9.00–19.00, Juli/Aug. bis 19.30 Uhr, sonst kürzer, Erw. 6,60 €). Ein ausgeschilderter Rundgang führt vorbei an Türmen, Bastionen und Befestigungen, die Vauban 1692 entworfen hatte, zur Chapelle du Château (15. Jh.) und zur Aussichtsplattform mit **Panoramablick** auf Altstadt, Durance und den Rocher de la Baume, den Fels gegenüber. Von der Stadtmauer sind **fünf Türme** mit vielsagenden Namen erhalten: die Porte de la Médisance etwa, das Tor der Lästerzungen, und die Porte Sauve, durch die die Hugenotten während der Religionskriege flohen. Seltsame Tiergestalten schmücken die Kapitele der **Cathédrale Notre-Dame-des-**

Schwarzkiefern, aber auch Buchen, Weißtannen und alte Eichen prägen die Flanken der Montagne de Lure, die im Westen an die Region des Mont-Ventoux grenzt.

Pommiers (1160–1220), die zu den größten Gotteshäusern der Provence gehört. An der Kirche beginnt ein markierter Rundgang durch die **Altstadt Vieux Sisteron,** die sich von der Rue Droite bis zum Ufer der Durance erstreckt. Steile, oft überwölbte Gänge und Treppenwege – **„andrônes"** – hinab zum Fluss verbinden die kleinen Straßen. Abkühlung im Sommer bietet der Plan d'Eau, ein künstlicher See zwischen Altstadt und Durance.

MUSEUM

Die Zeit: Wie hat sie unser Leben verändert? Antworten gibt das **Musée Terre et Temps** (6, place du Général de Gaulle, April–Sept. Di. bis Sa. 9.00–12.00, 13.30–17.30 Uhr).

VERANSTALTUNG

Sommerliches Theater- und Ballettfestival **„Les Nuits de la Citadelle"** im Freilichttheater unterhalb der Zitadelle (nuitsdelacitadelle.fr).

UNTERKUNFT

Ein rustikales Idyll für eine Robinsonade ist €€ **Mas du Figuier** (7 km westl., La Fontaine, 04200 Bevons, Tel. 09 81 73 31 74, chambre-hote-gite-cabane-sisteron.com).

UMGEBUNG

Westlich der Stadt erstreckt sich von Ost nach West der Höhenzug der **Montagne de Lure.** Mit dem westlich anschließenden Mont Ventoux bildet sich eine Bergkette.

INFORMATION

Office de Tourisme,
1, place de la République, 04202 Sisteron, Tel. 04 92 61 36 50, sisteron-buech.fr

② Digne-les-Bains

Die Hauptstadt (17 400 Einw.) des Départements Alpes-de-Haute-Provence ist ein Thermalkurort und Zentrum des Lavendelanbaus.

SEHENSWERT

Flaniermeile des Kurbades ist der **Boulevard Gassendi** mit der Grande Fontaine. Südlich windet sich die Altstadt mit engen Straßen und Treppenwegen hinauf zur **Cathédrale Saint-Jérôme** (15. Jh.), mit dem Glockenturm ist sie höchster Punkt der Stadt. In der Kathedrale **Notre-Dame-du-Bourg** (14.–16. Jh.) beeindruckt die große freigelegte Krypta.

Tipp

Aktiv in der Montagne de Lure

Die Montagne de Lure schwingt sich am Signal de Lure bis auf 1826 Meter empor. Das ganze Jahr begeistert sie Outdoor-Fans: mit der Challenge de Lure für Radfahrer (challenge-lure.com), Alpinski in Saint-Étienne-les-Orgues, Langlauf, Schneeschuhwandern und Thermalbaden in Montbrun-les-Bains.

MUSEEN

Kunst und Wissenschaft will das **Musée Gassendi** verbinden: Provenzalische Landschafts-gemälde des 19. Jh.s treffen auf Kunst von Andy Goldsworthy (64, boulevard Gassendi, Tel. 04 92 31 45 29, musee-gassendi.org, Mitte Mai–Mitte Sept. Mi.–Mo. 11.00–19.00 Uhr, sonst kürzer, 6 €). Zu den größten Abenteurerinnen des 20. Jh.s gehört **Alexandra David-Néel**. In ihrem Wohnhaus erinnert ein Museum an die Tibet-Forscherin, es veranstaltet alljährlich Anfang Oktober Tibet-Tage (27, avenue du Maréchal Juin, alexandra-david-neel.fr, nur mit Führung, tgl. 10.00, 14.00, 15.30 Uhr, Dez. bis März nur nachmittags; Eintritt frei).

ERLEBEN

Andy Goldsworthy hat das Werk **Refuge d'Art** gestaltet, ein begehbares Land-Art-Projekt von 150 km Länge im Geopark Haute-Provence (refugedart.fr, frei zugänglich). Viermal tgl. fährt der **Train des Pignes** („Pinienzapfenzug") in knapp 3,5 Std. von Digne nach Nizza (Fahrplan: tourisme.trainprovence.com, einf. 24 €).

UMGEBUNG

Der **Géoparc de Haute-Provence** wurde als erster von weltweit 120 Geoparks eingerichtet (geoparchauteprovence.com). Eine mittelalter-liche Festungsstadt ist **Entrevaux** (80 km östl.) mit Zitadelle hoch über der Stadt.

> **Tipp**
>
> # Eintauchen in die Erdgeschichte
>
> ....
>
> Die Musée Promenade lädt im Parc Saint-Bénoit ein, die Erdgeschichte der Region auf Themenwegen wie dem Sentier des Papillons zu entdecken, einen Jardin japonais zu besuchen – sowie Werke von Künstlern, die die Geologie des Ortes mit eigenen Arbei-ten interpretieren.
>
> 10, montée Bernard Dellacasagrande, Digne-les-Bains, Tel. 04 92 36 70 70, museepromenade.com, April–Nov. tgl.

INFORMATION

Office de Tourisme, place du Tampinet, 04000 Digne-les-Bains, Tel. 04 92 36 62 62, dignelesbains-tourisme.com

❸ Barcelonnette

Die Kleinstadt (2800 Einw.) im äußersten Osten der Hochprovence erinnert mit ihrem Namen an den Grafen von Barcelona und Provence, Raymond Bérenger V., der 1231 die Bastide „Barcelone" gründete. Barcelonnette ist das Tor im Herzen des Ubaye-Tals zum National-park Mercantour.

Sigonce – ein von Hügelketten umgebenes Dorf (o.) bei Forcalquier. Oleanderpracht im historischen Ortskern von Lurs (u.).

SEHENSWERT

Barcelonnette ist schachbrettartig um die zen-trale **Place Manuel** angelegt, die bunte Fassa-den, Caféterrassen und – als letzter Rest des einstigen Dominikanerklosters – die **Tour Cardinalis** (15. Jh.) säumen.
Bauern, die nach Mexiko ausgewandert und dort reich geworden waren, kehrten zurück in die Heimat und bauten ab 1880 hier pracht-volle Häuser. Zu den schönsten **Villas Mexi-caines** gehören das Château de Magnans (1913) und die Villa Laugier (1892) in Jausiers. La Sapinière gewährt als **Musée de la Vallée** Einblicke in die damalige mexikanische Kultur (10, avenue de la Libération, barcelonnette. com, Juli/Aug tgl. ab 10.00 Uhr, sonst Mo., Mi. bis Sa. 14.30–18.00 Uhr, 4 €).

UMGEBUNG

31 km südöstlich wird mit dem **Col de la Bonette** (2715 m) einer der höchsten Straßen-pässe der Alpen erreicht.

INFORMATION

Office de Tourisme,
place Frédéric Mistral, 04400 Barcelonnette,
Tel. 04 92 81 04 71, barcelonnette.com

❹ Forcalquier

Zwischen Luberon, Lure-Bergen und der Durance liegt Forcalquier (4750 Einw.). Der Name erinnert an Kalköfen, die die Römer in die Felsen gebaut hatten.

SEHENSWERT

Bischof Gérard Chevrier erhob aufgrund von Streitigkeiten mit Sisteron um 1060 die Pfarr-kirche seines Heimatortes in den Rang einer Kathedrale – seitdem heißt **Notre-Dame-de-Bourguet** auch „Concathédrale", Zweitkathe-drale. Der Einfluss der Gotik ist deutlich an Querhaus, Chor und Glockenturm zu erkennen. Die Orgel gehört zu den besten der Provence! Durch die **Porte des Cordeliers**, eines der einst sechs Stadttore, geht es in die **Altstadt**. Überragt wird diese von der Kapelle **Notre-Dame-de-Provence** (auch Citadel), die um 1875 anstelle der gräflichen Burg auf dem Zita-dellenhügel errichtet wurde. Sie besitzt eines der letzten manuellen Glockenspiele der Pro-

vence – angetrieben wird es mit Faustschlä-gen! Von der Terrasse öffnen sich weite Blicke.

UMGEBUNG

Häuser aus Feldsteinen bestimmen das Dorf **Sigonce** (8 km nördl.). Eng an den Berg schmiegt sich **Lurs** (376 Einw., 10 km östl.). Die „Promenade des Évêques" (Bischöfe) führt an 15 Betkapellen vorbei zur Kapelle Notre-Dame-de-Vie mit Aussichten auf das **Durance-Tal** im Osten, die Montagne de Lure im Westen und die **Abbaye de Notre-Dame-de-Ganagobie**. Das romanische Benediktinerkloster (18 km nordöstl.) besitzt beeindruckende Boden-mosaike (12. Jh.; abbaye-ganagobie.com, Kir-che: Mai–Sept. 10.30–12.00, 14.30–18.00, März, April, Okt. 14.30–17.30. Nov.–Febr. 15.00–17.00 Uhr, mit *boutique*, Klosterladen).
Jenseits der Durance ist das **Plateau de Va-lensole** (20 km) zu erreichen. Von Lavendelfel-dern ist **Banon** (25 km nördl.) umgeben. Im **Observatoire de Haute-Provence (OHP)** entdeckten Forscher 2010 eine extrasolare Familie, deren sieben Planeten einen sonnen-ähnlichen Stern umlaufen (12 km südl., Saint-Michel-l'Observatoire, obs-hp.fr, Mitte Juli/Aug. Di.–Do. ab 14.15 Uhr, sonstige Zeiten s. Web-site, Tickets: Office de Tourisme, 5 €).

INFORMATION

Office de Tourisme Intercommunal Forcal-quier-Lure, 13, place du Bourguet, 04300 Forcalquier, Tel. 04 92 75 10 02, haute-provence-tourisme.com

❺ Manosque

Die Heimatstadt (22 666 Einw.) von Jean Giono am rechten Ufer der Durance versteckt hinter dem modernen Gürtel aus Gewerbe und Indus-trie eine charmante Altstadt.

SEHENSWERT

Den Verlauf der Stadtmauer zeichnen die Boulevards um die birnenförmige **Altstadt** nach. Einlass gewährten einst vier Stadttore; erhalten sind die romanische **Porte Saunerie** im Süden, die **Porte du Soubeyran** im Norden und die 1986 rekonstruierte **Porte Guilhempierre** im Westen. An der romanischen Kirche **Notre-Dame-de-Romigier** fand im 9. Jh. ein Ochse eine schwarze Madonna, die in einem Sarkophag vor den Sarazenen versteckt worden war. Heute ist hier eine Kopie der Figur. Weiter südlich erhebt sich an der Flanierstraße Rue Grande die Kirche **Saint-Sauveur** (1179 bis 1372) mit eisernem Glockenstuhl. Am Südhang des Mont d'Or erwarb **Jean Giono** 1929 ein kleines Wohnhaus, das er umfassend erweiterte. Wie er in **Le Paraïs** lebte und arbeitete, verraten kostenlose Führungen (Impasse du Paraïs, Montée des Vraies Richesses, Voranmeldung: rencontresgiono.fr, Fr. 14.30, 15.30 Uhr, Juni–Sept. auch Di.). Das **Centre Jean Giono** hält das Andenken an den Schriftsteller mit Ausstellungen, Spaziergängen und den „Rencontres Jean Giono" im August lebendig (3, boulevard Élémir Bourges, centrejeangiono. com, Di.–Sa. 10.00–12.00, 14.00–18.00 Uhr, Okt.–März nachmittags, Eintritt frei).

INFORMATION

16, place du Dr Joubert,
04100 Manosque, Tel. 04 92 72 16 00,
tourisme-manosque.fr

Tipp

Das Universum von L'Occitane

Von Bauern und Kooperationen in Frankreich und Afrika bezieht Olivier Baussan die Rohstoffe für seine Kosmetik- und Pflegeprodukte. Am Stammsitz von L'Occitane gewährt der Firmenchef Einblick in die Produktion seiner Marke, deren Wurzeln in Manosque liegen, wo er 1976 erste Cremes verkaufte.

Zone industrielle Saint-Maurice, Chemin Saint-Maurice, Manosque, loccitane.fr, Fabrikbesichtigung: Mo. bis Fr., Juli/Aug. tgl.; nur nach Voranmeldung, Tel. 04 92 70 32 08, reservations.visites@loccitane.com

Genießen   Erleben   Erfahren

Wildbaden in der Haute Provence

DuMont Aktiv

An einem heißen Tag ins Wasser zu springen – herrlich! Wären da nicht die vielen Menschen, die sich an den Stränden drängen. Doch in der Provence gibt es noch viele Geheimtipps zum wilden Baden in einsamer Natur.

In der Haute-Provence etwa lassen sie sich entdecken. Wo sich das Wasser aus den Südhängen der Alpen und Seealpen den Weg sucht, hat es Schluchten, Naturpools und Badegumpen in den Fels gefräst – perfekt für einen Sprung ins kühle Nass!

Am Fuß des Massif des Monges hat der Bès rund 16 Kilometer nördlich von Digne-les-Bains ein solches Badeparadies geschaffen: die Clues de Barles. Rauschend sprudelt der Wildbach über den grauen Fels in diese malerische Klamm, die nach gewaltigen Erdbewegungen vor rund 30 Mio. Jahren entstand. Dann springt er über Kaskaden in stille Naturpools, die karibisch-blau leuchten, stürzt sich über den Wasserfall Saut-de-la-Pie noch tiefer hinab und bildet zahlreiche Wildwasser-Jacuzzis: lauter kühle Kleinode, ideal, um sich im Sommer zu erfrischen! Lassen Sie den Blick einmal nach oben wandern: An den rund 1900 m hohen Felswänden können Sie mit etwas Glück Gämsen entdecken, am hohen Himmel Adler und andere Raubvögel beobachten.

Weitere Informationen

Buchtipp
Daniel Start, Wild Swimming France (engl.)
Wild Things Publishing Ltd 2012
wildswimming.co.uk
Drei Jahre lang hat der Fotograf und Buchautor Daniel Start die Wildbadeplätze Frankreichs erkundet – mit Infos zum Camping, Bootsverleih und Wanderung stellt er sie im Band vor.

Baignade Sauvage
Sehr informatives Portal, das auf Französisch die schönsten Plätze zum Wildbaden in Südfrankreich vorstellt, übersichtlich nach Regionen gegliedert. baignadesauvage.fr

Weitere schöne Plätze
Calanques zwischen Marseille und Cassis sowie an der Mündung der Petit Rhône in der Camargue.

Das glasklare Wasser der Flüsse in der Provence verlockt zum Bad.

Machen gleich gute Laune – Sonnenblumen-gelb in der Drôme, feine Calissons in Aix, freundlicher Service in Avignons Markthalle

Service

Keine Reise ohne Planung. Auf den folgenden Seiten haben wir für Sie wichtige Informationen für Ihren Urlaub in der Provence zusammengefasst.

Anreise

Mit dem Flugzeug: Der Flughafen Marseille-Provence (marseille.aeroport.fr) ist mit ca. 9,4 Mio. Passagieren pro Jahr drittgrößter des Landes (ohne Paris). Direktflüge bieten Lufthansa ab Berlin, Frankfurt/M. und München sowie Eurowings ab Düsseldorf an. Wer den Besuch in Provence und Côte d'Azur im Urlaub kombinieren möchte, kann den Aéroport Nice – Côte d'Azur (nice.aeroport.fr) nutzen.
Mit dem Auto: Sprintstrecke in den Süden ist ab Lyon die in den Sommermonaten chronisch überlastete Route du Soleil (A 7) durch das Rhônetal. Parallel dazu verläuft die legendäre Route Nationale 7 – da sie mautfrei ist, weichen Wohnmobilfahrer und Lkw-Fahrer gerne auf diese Strecke aus. Wer sich für Geschichte interessiert, fährt durch die Schweiz bis nach Grenoble und erreicht die Provence auf der Route Napoléon, die als RN 85 der Marschroute Napoleons von 1815 zum Golfe-Juan (Vallauris) folgt (s. Kapitel Haute-Provence).
Mit der Bahn: Der LGV Rhin-Rhône verbindet einmal täglich Frankfurt mit Avignon, Aix-en-Provence und Marseille in 7 bis 8 Stunden, je nach Umsteigemöglichkeiten.
Mit dem Fernbus: In die Provence starten ab Deutschland Eurolines (eurolines.de) und Flixbus (flixbus.de), Ouibus (fr.ouibus.com) vom grenznahen Straßburg.

Auskunft

Deutschland: ATOUT France – Französische Zentrale für Tourismus, Postfach 100128, D-60001 Frankfurt am Main, de.france.fr, info.de@france.fr

Österreich: at.france.fr, info.at@france.fr
Schweiz: ch.france.fr, info.ch@atout-france.fr
In Frankreich: PACA Tourisme: 62–64, La Canebière, 13001 Marseille, Tel. +33 4 91 56 47 00, provence-alpes-cotedazur.com

In den Départements
L'ADT 04 Alpes-du-Haute-Provence:
Maison des Alpes de Haute-Provence, Immeuble François Mitterrand, BP 80170, 04005 Digne-les-Bains Cedex, Tel. 04 92 31 57 29, tourisme-alpes-haute-provence.com

Bouches-du-Rhône Tourisme:
13, rue Roux de Brignoles, 13006 Marseille, Tel. 04 91 13 84 13, myprovence.fr

ADT Vaucluse Tourisme:
12, rue Collège de la Croix, BP 50147, 84000 Avignon, Tel. 04 90 80 47 00, provenceguide.com

Autofahren

Die Höchstgeschwindigkeit beträgt auf Autobahnen 130 km/h (bei Regen 110 km/h), auf Schnellstraßen 110 km/h, außerorts 80 km/h, innerorts 50 km/h. Die Autobahnen in Frankreich verlangen Maut *(péage)*. Es besteht Anschnallpflicht, die Promillegrenze liegt bei 0,5. Es muss außerorts beim Verlassen des Fahrzeugs, wegen einer Panne oder eines Unfalls etwa, eine Warnweste getragen werden. Dies gilt nachts oder bei schlechter Sicht tagsüber auch für Fahrradfahrer. Telefonieren am Steuer ist nur mit Fernsprecheinrichtung erlaubt.

Wohnmobil: Die Provence hat sich auf den allsommerlichen Ansturm der *camping-caristes* (Wohnmobilisten) gut eingestellt und hält an fast jedem touristisch interessanten Ort ausgewiesene Stellplätze bereit. Detaillierte Infos listet die Webseite france-passion.com.

Botschaften

Deutsche Botschaft: 24, rue Marbeau, 75116 Paris, Tel. 01 53 83 45 00, allemagneenfrance.diplo.de
Deutsches Generalkonsulat:
10, place de la Joliette, 13002 Marseille, Tel. 04 91 16 75 20, allemagneenfrance.diplo.de
Österreichische Botschaft: 6, rue Fabert, 75007 Paris, Tel. 01 40 63 30 63, bmeia.gv.at/oeb-paris
Schweizer Botschaft: 142, rue de Grenelle, 75007 Paris, Tel. 01 49 55 67 00, eda.admin.ch

Camping

In der Region Provence-Alpes-Côte d'Azur gibt es 841 Campingplätze, die mit einem bis fünf Sternen klassifiziert sind. Bei den *Campings municipaux* handelt es sich um öffentliche, meist eher einfache Anlagen. Wildes Campen ist nur mit Genehmigung des Eigentümers vor Ort gestattet. Campingangebote für Weinlieb-

Die Tore der mächtigen Stadtmauer von Aigues-Mortes gewähren Zugang zu den Gassen der Altstadt.

haber tragen eine Rebe als Symbol; Übersicht auf: vinchaisnous.fr. Außergewöhnliche Plätze und Glamping-Destinationen mit vier und fünf Sternen vereint das Portal camping-castels.de. Wer ohne eigenes Equipment reisen und dennoch Campingurlaub machen möchte, kann in Campingdörfern von u. a. Campéole (campeole.com), Yelloh Village (yellohvillage.de) oder Tohapi (tohapi.de) Zelte, Bungalows, Chalets oder Mobilhomes (feste Wohnwagen) mieten.

Essen und Trinken

Allgemein: Gemüsefans sind begeistert. Frische Zutaten, möglichst aus dem eigenen *potager,* dem Küchengarten, sind die Stars der Gerichte, die der Küche zu Weltruf verholfen haben. Dazu gehören Tomaten, Zucchini, Auberginen, Pilze, Knoblauch und natürlich Kräuter wie Bohnenkraut, Thymian, Salbei, Lavendel, Oregano, Rosmarin, Majoran, Estragon, Lorbeer und viele mehr – die *herbes de Provence.* Sie wandern auch in ein Arme-Leute-Essen, das heute gerne als Beilage zu Fisch oder Fleisch gereicht wird: den Gemüseeintopf Ratatouille. Aus Bohnen, Gemüse und Nudeln wird die Soupe au Pistou komponiert. Bekanntestes Fischgericht ist die Bouillabaisse aus Marseille. In die Fischsuppe gehören neben Felsenfischen und Fenchel (und für viele ein guter Schuss Pastis) v. a. Muscheln, Garnelen und Edelfische. Dazu werden die safrangelbe Knoblauchpaste Rouille und Brot gereicht. Beim Fleisch greifen Provenzalen gerne zu Lamm *(agneau),* aber auch Kalbfleisch und Geflügel werden oft verarbeitet. Rindfleisch kommt meist als Ragout auf den Tisch.
Für Süßmäuler: Der weiche, weiße Nougat ist die Spezialität Montélimars. Zu den süßen Botschaftern aus der Provence gehören auch die Calissons aus Aix-en-Provence. Navettes, Schiffchen, heißen jene aus Marseille. Einer Legende zufolge soll ihre Form an die kleine Barke erinnern, mit dem der heilige Lazarus und seine Schwestern einst in der Hafenstadt gelandet sind (s. Kapitel Marseille und Umland). Das Gros Souper, das Sieben-Gänge-Menü zu Weihnachten mit Fisch und Meeresfrüchten, endet mit einer Parade von 13 Süßspeisen, den *treize desserts,* die Marcel Pagnol literarisch verewigte und die sich alle Gäste teilen –

darunter sind getrocknete Feigen, Rosinen, Mandeln, Nüsse, Pflaumen, Äpfel, Quittenbrot sowie Galettes. Die Zahl 13 steht symbolisch für Christus und die zwölf Apostel.
Getränke: Seit der Antike ist die Provence bekannt für ihren ausgezeichneten Wein – besonders den Rosé. Seine Heimat sind die Weingärten der 25 000 ha großen Appellation Côtes-de-Provence. Nur 4200 ha groß ist die rund 50 km südöstlich von Avignon gelegene AOC-Region Luberon, wo rote Tropfen dominieren. Frankreichs zweitgrößtes Weinbaugebiet sind die Côtes-du-Rhône mit 44 000 ha allein im Süden des Rhônetals.
In der Provence liegt auch die Wiege des Pastis: Der Anisschnaps wird – je nach Gusto – mal mit weniger, mal mit mehr eisgekühltem Wasser aufgefüllt. Den Aperitif begleiten geröstetes Baguette mit Tapenade (Olivenpaste) oder Oliven (s. Kapitel Arles und Camargue).

Feste und Feiertage

Staatliche Feiertage in der Provence sind
1. Januar (Neujahrstag/Jour de l'an)
Ostermontag/Lundi de Pâques
11. März (Gedenktag für die Opfer des Terrorismus/Journée nationale en hommage aux victimes du terrorisme, seit 2020)
1. Mai (Tag der Arbeit/Fête du travail)
8. Mai (Tag des Waffenstillstandes 1945/Fête de la Victoire 1945)
Christi Himmelfahrt/Ascension
Pfingsten/Pentecôte (So. und Mo.)
14. Juli (Nationalfeiertag/Fête nationale)
15. August (Mariä Himmelfahrt/Assomption)
1. November (Allerheiligen/Toussaint)
11. November (Tag des Waffenstillstandes 1918/Armistice)
25. Dezember (1. Weihnachtsfeiertag/Noël)

Gesundheit

Die Europäische Krankenversicherungskarte wird anerkannt. Aber Kosten müssen bei Ärzten vor Ort beglichen werden – sie werden in Deutschland erstattet. Die Notfallbehandlung im Krankenhaus *(hôpital)* ist kostenfrei; anteilig vor Ort zu zahlen sind ggf. Aufenthaltskosten.

Hotels

In Frankreich werden Unterkünfte, auch Gästezimmer *(chambre d'hôte),* mit Sternen (von einem bis fünf) klassifiziert. In der Provence gibt es traumhafte Schlosshotels *(châteaux-*

Daten & Fakten

Info

Geografische Lage: Seealpen, Mittelmeer und Rhône bilden die natürlichen geografischen Grenzen der Provence, die von Nordost nach Südwest von eisglitzernden Dreitausendern wie der Aiguille de Chambeyron (3412 m) über die kargen Ebenen der Haute-Provence und die Hügel des Luberon abfällt in die handtuchflache Ebene der Crau und die amphibischen Weiten der Camargue. Als Gigant der Provence gilt der 1912 m hohe Mont Ventoux, als Berg der Maler die rund 12 km lange und rund 1000 m hohe Kalksteinkette Montagne Sainte-Victoire, die der Maler Paul Cézanne immer wieder auf Leinwand bannte.
Politische Gliederung: Die Provence umfasst die Départements Bouches-du-Rhône, Vaucluse, Var, Alpes-de-Haute-Provence und gehört mit Alpes-Maritimes und Hautes-Alpes zur Großregion Provence-Alpes-Côte d'Azur (PACA), die sich seit 2018 Région Sud nennt. Ihr auf sechs Jahre gewählter Präsident ist seit 2017 Renaud Muselier (Les Republicains/LR).

Bevölkerung: Rund fünf Mio. Menschen leben in der Région Sud, knapp vier Mio. davon in der Provence. Größtes Ballungszentrum ist Marseille mit 860 000 Einwohnern, gefolgt von Avignon (Großraum 518 981, Stadt 92 454 Einw.), Aix-en-Provence (142 600), Arles (53 600), Orange (30 025) und Carpentras (28 430).
Die Bevölkerungsdichte weist regionale Unterschiede auf. Rhônetal und Küste sind stark urbanisiert, in den Bergregionen sinkt die Bevölkerungsdichte mit der Höhe rapide. Bedeutende Minderheiten bilden die Algerienfranzosen („Pieds-noirs") und die Maghrébins, Immigranten aus Nordafrika.
Wirtschaft: Wichtigster Wirtschaftszweig ist neben dem Tourismus – jährlich reisen etwa sechs Mio. Gäste in die Provence – der Anbau von Oliven, Wein, Lavendel sowie Obst und Gemüse. Industriezentrum der Provence mit Schiffbau, Petrochemie, Maschinenbau, Agrar- und Nahrungsmittelindustrie ist der Großraum Marseille – Marignane – Étang de Berre.

In voller Ausrüstung in der Montagne Sainte-Victoire, auf dem Eselsrücken in den Hautes-Alpes ...

... oder auf dem Surfbrett an der Côte Bleue – so lässt sich die Provence aktiv kennenlernen!

Preiskategorien

€ € € €	Doppelzimmer	über 220 €
€ € €	Doppelzimmer	160 – 220 €
€ €	Doppelzimmer	110 – 160 €
€	Doppelzimmer	60 – 110 €

hotels) und rustikale wie edle Unterkünfte beim Winzer (s. Unsere Favoriten, Winzer). Die Zimmer sind meist kleiner als in Deutschland. Ein *grand lit* misst 1,60 x 1,90 Meter.

Literatur

Schöne Einstimmungen auf die Provence sind Klassiker wie **Marcel Pagnols** „Eine Kindheit in der Provence" (Piper) oder **Peter Mayles** „Mein Jahr in der Provence" (Knaur). **Jean Gionos** „Der Mann, der Bäume pflanzte" widmet sich einem Außenseiter. Beliebt sind Regionalkrimis: **Xavier-Marie Bonnot** lässt seinen Kommissar Michel de Palma, auch „Baron" genannt, in Marseille ermitteln. „Die Melodie der Geister" ist eine spannende Story um geklaute Köpfe und Niedertracht im Kunsthandel und „Im Sumpf der Camargue" wandelt de Palma auf den tödlichen Spuren eines provenzalischen Mythos (beide: Unionsverlag). „Mistralmorde" nennt **Ignaz Hold** seinen Provencekrimi, in dem der Pariser Kommissar Jean-Luc Papperin einen Doppelmord im malerischen Cabanosque aufklären soll. Ein Baulöwe wollte dort eine Golf- und Wellness-Hotelanlage für den internationalen Jetset errichten. Dann wird eine Leiche entdeckt. Mit „Trüffel mit Schuss" ist bereits der fünfte Fall von Commissaire Papparin bei ambiente-krimis und als Kindle-Edition erschienen. Für Hochspannung sorgt auch der Trüffel-Thriller „Tod à la Provence" (Emons) von **Andreas Heineke**, der in Lourmarin seine Schreibstube hat.

Geschichte

Info

20 000 v. Chr.: Jäger und Sammler siedeln in den Höhlen der Küste.
6000 v. Chr.: Erste neolithische Bauerndörfer: Das älteste Dorf Frankreichs wurde in Courthezon im Rhônetal zwischen Orange und Avignon freigelegt.
um 620 v. Chr.: Gründung von Massilia (Marseille) im Zuge der griechischen Kolonisation, später kommt unter anderem Arelate bzw. Theline (Arles) als Handelsniederlassung hinzu.
ab 121 v. Chr.: Südfrankreichs Mittelmeerküste wird die Provinz Gallia Narbonensis. Die zügige Romanisierung prägt bis heute die Region in Architektur und Alltag.
um 471: Nach fast 600 Jahren unter Rom erobern erst die Westgoten, dann die Ostgoten und schließlich die Franken die Provence.
934: Die Provence gehört zum vereinigten Königreich Burgund, 1032 fällt sie ans Heilige Römische Reich, ohne jedoch jemals gänzlich integriert zu werden.
12. Jh.: Die Provence fällt zum Teil an den Grafen von Toulouse.
1248: Ludwig IX. bricht von Aigues-Mortes zum 6. Kreuzzug nach Jerusalem auf.
1309–1377: Von Clemens VI. zum Papst gekürt, wählt Bertrand de Got Avignon als Residenz. Bis 1377 lösen sich sieben römische Päpste dort auf dem heiligen Stuhl ab, hinzu kommen zwei Gegenpäpste.
1434–1480: Unter Graf René von Anjou, dem „guten König", erlebt die Provence eine wirtschaftliche wie kulturelle Blüte.
16. Jh.: Religionskriege in der Provence. Im Luberon und im Tal der Durance bilden sich protestantische Gemeinden. 1545 werden Tausende im Luberon lebende Waldenser

ermordet. Bauernaufstände verwüsten das Land. 1593 wird Französisch Amtssprache.
1720/21: Der „Schwarze Tod" (Pest) sucht die Provence heim.
1790: Es werden Départements geschaffen.
1815: Napoleon wählt von Elba den Weg über Golfe-Juan nach Paris.
1904: Literaturnobelpreis an Frédéric Mistral für das Versepos „Mireilles" (in Provenzal.).
1942: Die deutsche Wehrmacht und SS besetzen das freie Frankreich und die Provence.
1962: Nach dem Ende des Algerienkrieges flüchten 1,5 Mio. *„Pieds-noirs"*, seit Generationen in Nordafrika ansässige Franzosen, in ihr Mutterland.
1983: Gründung der Région Provence-Alpes-Côte d'Azur (PACA), Marseille ist Hauptstadt.
1995–2030: Mit dem Großbauprojekt „Euroméditerranée" gestaltet Marseille seine Zukunft.
1995: Der rechtsradikale Front National stellt nach den Kommunalwahlen jeweils in Orange und Marignane den Bürgermeister.
2001: Einweihung der LGV (Ligne à grande vitesse) Méditerranée; die Fahrzeit Marseille – Paris verkürzt sich auf drei Stunden.
2006: Eröffnung von Frankreichs größtem Low-Cost-Terminal (MP2) in Marseille.
2012: Die Calanques zwischen Marseille und La Ciotat werden zum Nationalpark.
2013: Marseille ist Kulturhauptstadt Europas.
2017: Marseille ist Europas Sporthauptstadt.
2018: Comeback des Grand Prix de France auf dem Circuit du Paul-Ricard in Castellet.
2020: Einweihung von LUMA Arles.
2024: Marseille wird Austragungsort der Olympischen Spiele (Segeln).

Notruf

Europäische Notfallnummer: 112
Notarzt und Rettungswagen (SAMU): 15
Polizei: 17
Feuerwehr: 18
Seenotrettung: 1616
Zentraler Sperrnotruf (Bank- und Kreditkarten, Mobilfunk-Karten): +49 116 116

Reisezeit und Klima

Die Provence gehört mit mehr als 3000 Sonnenstunden zu den wärmsten und sonnigsten Regionen Frankreichs. Das milde mediterrane Klima macht sie zum Ganzjahresreiseziel. Im Frühjahr überzieht der Blütenteppich der Obst- und Mandelbäume das Land, im Juli/August leuchten die Lavendelfelder in der Sommerhitze, im Herbst inszeniert die Laubfärbung ein Feuerwerk der Farben bei angenehmen Tem-

Info

Reisedaten

Flug ab Deutschland: etwa Frankfurt/M. – Marseille ab 158 Euro, München – Marseille ab 169 Euro
Bahn: Frankfurt/M.– Avignon ab 39 Euro (Sparpreis Europa)
Inlandsverkehr: Zug von Orange nach Marseille ab 31 Euro
Reisepapiere: Zur Einreise genügt für Erwachsene ein gültiger Personalausweis oder Reisepass. Jedes Kind benötigt ein eigenes Ausweisdokument.
Devisen: Euro
Mietwagen: ab 30 Euro/Tag (unbegrenzte Kilometer)
Benzin: 1 Liter Super ca. 1,50 Euro
Strom: 230 V.
Hotel: Luxuskategorie (5 Sterne) über 300 Euro, Mittelklasse (3/4 Sterne) ab 90/170 Euro DZ/Tag
Ferienhaus: ca. 400 Euro/Woche
Menü: Tages-/Abendmenü (ab 15/34 Euro, einfaches Essen ab 9 Euro)
Ortszeit: MEZ/MSZ

peraturen und gelegentlichen kurzen Schauern. Es herrscht ein trocken-mildes Klima. Doch an 100 Tagen – vor allem im Frühjahr – putzt ein kalter Nordwind den Himmel blank und lässt die Menschen bibbern: der Mistral. Mit bis zu 320 km/h (15.04.2001) fegt er über den Mont Ventoux und saust als eisiger Windstrom im Rhônetal Richtung Meer.

Restaurants

Preiskategorien

€€€€	Menü	über 55	€
€€€	Menü	35 – 55	€
€€	Menü	20 – 35	€
€	Menü	unter 20	€

Gourmetrestaurants für den kulinarischen Hochgenuss finden sich ebenso wie Restaurants mit einfacher Küche, Pizzerien und Fast-Food-Lokale. Abends öffnen die Restaurants um 19.00/19.30 Uhr ihre Küche für das *dîner;* gekocht wird bis spätestens 22.00 Uhr.

Shopping/Souvenirs

Die kulinarischen Spezialitäten der Provence sind auch ihre schönsten Souvenirs – Olivenöl und Roséwein, Kräuter und Ziegenkäse, Calissons und Navettes, kandierte Früchte, Nougat … Zu den typischen handwerklichen Erzeugnissen gehören handgefertigte Krippenfiguren *(santons),* farbenfrohe Stoffe von

Souleiado und elegante „Indiennes" (Stoffe) von Les Olivades, Korbwaren und bunte Keramik. Mit Lavendel, Oliven, Rosen und Zitronen werden Körperpflegeprodukte und Kosmetika verfeinert; die klassischen Kuben der „Savon de Marseille" gibt es in vielen Farben und Formen (s. Kapitel Marseille).
Im Sommer lockt fast jeder Ort mit einem großen Freiluftmarkt, und selbst sonntags sind die Geschäfte der Malls von Marseille geöffnet.

Sport

Fliegen: Segelflieger können in Sisteron und Château-Arnoux abheben.
Klettern/Hochseilgärten: Voralpine Hügelketten, hochalpine Grate, Kalk und Granit, Schluchten und Klettergärten: Die Provence lässt mit großen Klettergebieten wie Orpierre oder Buoux die Herzen von Kraxlern höherschlagen. Ventavon, Venasque und Châteauneuf-de-Chabre sind gute Ausweichziele, beliebt sind auch die Dentelles de Montmirail. Kraxelfreuden für die gesamte Familie garantieren u. a. Parc Aventure (provenceaventure.com) und Ventoux Aventure – Accrobranche (ventouxaventure.com).
Radfahren: Eine gute Infrastruktur und gut ausgebaute, markierte Routen sowie *voies vertes,* verkehrsfreie Fahrradwege, machen die Provence zu einem Eldorado für Radfahrer. Mitten durch die Region (von Montélimar bis Aigues-Mortes) zieht sich ein Teil der Via Rhôna (viarhona.com, gesamt 815 km), eine der längsten Fernradrouten Frankreichs. Im Aufbau befindlich ist die EuroVelo 8 (de.eurovelo8.com), die mit 5888 km durch elf Länder der Mittelmeerküste führt – 700 km

verlaufen in Frankreich. Mit dem Mont Ventoux besitzt die Provence einen legendären Berg der Rennradler.
Fast jeder Ort bietet einen Radverleih, groß im Kommen sind E-Bikes. Eine offizielle deutschsprachige Radtouren-Seite im Web: provence-radfahren.de. Geführte Radreisen durch die Provence bieten u. a. Pedalo (pedalo.com), Rückenwind (rueckenwind.de) und Weinradel (weinradel.de) an.
Reiten: Ponyreiten, Westernreiten, Ausritte am Strand oder auf Saumpfaden in den Bergen gehören zum Angebot wie Reitunterricht für alle Könnensstufen. Infos erteilen die Tourismusämter und der regionale Reiterverband auf provence-equitation.com.
Tauchen: An der Côte Bleue bei Marseille beginnt das blaue Band hervorragender Tauchspots, das sich östl. bis nach Menton zieht. Für Anfänger veranstalten *Stations de plongée* Einsteigerkurse nach PADI-Standard, Taucher mit Ausweis können auf Tauchtouren oder auf eigene Faust die Unterwasserwelt der Provence erkunden. Aufnahmen von der Source de la Sorgue sind hier zu bewundern: ssfv.fr.
Wandern: Die Provence besitzt den wohl ungewöhnlichsten Fernwanderweg Frankreichs: die GR 2013 (s. Unsere Favoriten, Schönste Wanderungen). Die GR 6 verbindet den Südwesten via Oppedette mit den französischen Alpen und sieben Grandes Randonnées machen den Luberon zu einem Wandergebiet par excellence. Fernwanderrouten siehe paca.ffrandonnee.fr.
Geführte Wanderreisen, vorwiegend ohne Gepäck, bieten u. a. Wikinger-Reisen (wikinger-reisen.de), France Naturelle (france-naturelle.de) und France écotours (france-ecotours.com) mit Sitz in Frankfurt/M. an.

Badespaß und Citylife? In Marseille lässt sich beides herrlich verbinden: Zu seiner Plage du Prado gehören gleich mehrere Badebuchten.

Wassersport: Marseille, Martigues und die Côte Bleue, die Calanques und die Camargue-küste von Les Saintes-Maries-de-la-Mer begeistern Segler und Wasserskifahrer ebenso wie Wind- und Kitesurfer. Unter Kanuten ein beliebtes Wildwasserrevier ist der Verdon. Gemütlicher sind Paddeltouren auf der Sorgue oder auf großen Seen wie dem Lac de Sainte-Croix (s. Kapitel Aix-en-Provence).
Wintersport: 720 km Piste in neun Orten, oft schneesicher in mehr als 3000 m Höhe gelegen: Würden Sie dies in der Provence erwarten? In der Region Alpes-de-Haute-Provence sind in Le Sauze oder Super-Sauze nahe Barcelonnette und auch in der Montagne de Lure die Franzosen noch fast unter sich. Langlauf ist unter anderem möglich im Val d'Allos und am Col du Fanget (bei Auzet) nördlich von Digne-les-Bains.

Telefon

In der EU dürfen keine Roaminggebühren mehr erhoben werden. Daher gilt der Inlandstarif für Deutsche und Österreicher.
Vorwahlen
nach Deutschland: 00 49,
in die Schweiz: 00 41,
nach Österreich: 00 43,
nach Frankreich: 00 33.

Wellness

Die Heilkraft des Meeres können Sie bei einer Thalassotherapie in Les Saintes-Maries-de-la-Mer (thalacap.fr) und Aix-en-Provence (thermes-sextius.com) entdecken. Wo sonst noch Algen und Aquagymnastik gegen Alltagsstress und Aufregung helfen, verrät das Portal paca-loisirs.com. Die Thermalkurorte Digne-les-Bains (thermesdignelesbains.com) und Gréoux-les-Bains (chainethermale.fr/greoux-les-bains.html) ergänzen das Kurangebot in der Provence.

Zoll

Trotz des Binnenmarktes gelten auch für EU-Bürger bei bestimmten Produkten und Waren Obergrenzen, so bei Tabakwaren (800 Zigaretten, 400 Zigarillos, 200 Zigarren, 1 kg Rauchtabak), Spirituosen (z. B. Weinbrand, Whisky, Rum, Wodka): 10 Liter, Alkopops: 10 l, Wein: 90 l, davon Schaumwein: max. 60 l, Bier: 110 l, Kaffee oder kaffeehaltige Waren: 10 kg (Info: zoll.de).
Für die Schweiz gelten als Obergrenzen: 250 Zigaretten/Zigarren bzw. 250 g Tabak, 5 l alkoholische Getränke bis 18 %, 1 l alkoholische Getränke über 18 %. Waren im Wert von max. 300 CHF (Info: ezv.admin.ch).

Info

Wetter Marseille

	TAGES-TEMP. MAX.	TAGES-TEMP. MIN.	TAGE MIT NIEDER-SCHLAG	SONNEN-STUNDEN PRO TAG
Januar	10°	2°	7	4
Februar	11°	2°	7	5
März	14°	5°	6	6
April	17°	8°	5	8
Mai	20°	10°	6	10
Juni	25°	14°	4	10
Juli	29°	17°	2	12
August	29°	17°	3	10
September	28°	18°	4	8
Oktober	23°	10°	5	6
November	15°	5°	4	5
Dezember	10°	4°	5	4

Immer wieder wunderschön – Ausblicke an der Corniche des Crêtes, dem Küstenabschnitt zwischen Marseille und Cassis

Register

Fette Ziffern verweisen auf Abbildungen

Impressum

2. Auflage 2019
© DuMont Reiseverlag, Ostfildern

Verlag: DuMont Reiseverlag, Postfach 3151, 73751 Ostfildern, Tel. 0711/4502-0, Fax 0711/4502-135, www.dumontreise.de
Geschäftsführer: Dr. Thomas Brinkmann, Dr. Stephanie Mair-Huydts
Programmleitung: Birgit Borowski
Redaktion: Achim Bourmer
Text: Hilke Maunder
Exklusiv-Fotografie: Elan Fleisher
Titelbild: laif/hemis/Jean-Daniel Sudres
Zusätzliches Bildmaterial: S. 5 u. re, 67 o. re. Fotolia; 22 o. Dover Publications; 23 o. li. H. Maunder; 43 o. li. laif/Burg + Schuh/Palladium; 48 o. iStock; 49 li. Shutterstock; 53 u. laif/hemis/B. Gardel; 60 u. re. Huber-Images/S. Raccanello; 61 o. Huber-Images/T. Mannakee; 78 o. Fotolia; 78 li. H. Maunder; 97 re. Vektorstock; 115 re. Shutterstock; 67 u. für das Werk: © Ingo Hoffmann; S. 28 u. re. für Victor Vasarely (Fondation Vasarely, Aix): © VG Bild-Kunst, Bonn 2019
Textquellen: S. 56 UNESCO – Deklaration zur kulturellen Vielfalt, Art. 1, 2002; S. 74 rowohlt digitalbuch; 82 P. Mayle, Hotel Pastis, München 1994, S. 78
Grafische Konzeption, Art Direktion: fpm factor product münchen
Layout: CYCLUS · Visuelle Kommunikation, Stuttgart
Kartografie: © MAIRDUMONT GmbH & Co. KG, Ostfildern Kartografie Lawall (Karten für „Unsere Favoriten")
DuMont Bildarchiv: Marco-Polo-Straße 1, 73760 Ostfildern, Tel. 0711/4502-266, Fax 0711/4502-1006, bildarchiv@mairdumont.com

Für die Richtigkeit der in diesem DuMont Bildatlas angegebenen Daten – Adressen, Öffnungszeiten, Telefonnummern usw. – kann der Verlag keine Garantie übernehmen. Nachdruck, auch auszugsweise, nur mit vorheriger Genehmigung des Verlages. Erscheinungsweise: monatlich.

Anzeigenvermarktung: MAIRDUMONT MEDIA, Tel. 0711/4502-0, Fax 0711/4502-1012, media@mairdumont.com, http://media.mairdumont.com
Vertrieb Zeitschriftenhandel: PARTNER Medienservices GmbH, Postfach 810402, 70521 Stuttgart, Tel. 0711/7252-212, Fax 0711/7252-320
Vertrieb Abonnement: Leserservice DuMont Bildatlas, Zenit Pressevertrieb GmbH, Postfach 810640, 70523 Stuttgart, Tel. 0711/7252-265, Fax 0711/7252-333, dumontreise@zenit-presse.de
Vertrieb Buchhandel und Einzelhefte: MAIRDUMONT GmbH & Co KG, Marco-Polo-Straße 1, 73760 Ostfildern, Tel. 0711/4502-0, Fax 0711/4502-340
Reproduktionen: PPP Pre Print Partner GmbH & Co. KG, Köln
Druck und buchbinderische Verarbeitung: NEEF + STUMME premium printing GmbH & Co. KG, Wittingen, Printed in Germany

FSC
www.fsc.org
MIX
Papier aus ver-
antwortungsvollen
Quellen
FSC® C001857

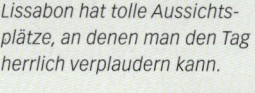

*Lissabon hat tolle Aussichts-
plätze, an denen man den Tag
herrlich verplaudern kann.*

*Spektakuläre Landschaftsein-
drücke bieten sich in Norwe-
gens Norden vielerorts.*

Lissabon

Die Schöne am Tejo
Lissabon – das sind mittelalterliche Gassen, romantische Plätze,
aber auch hochmoderne strahlend
weiße Architektur: die Highlights
der portugiesischen Hauptstadt in
vier grandios bebilderten Kapiteln.

Sehnsucht und Trauer
Dafür steht Fado. Der melancho-
lische Gesang ist heute so präsent
wie noch nie, wir stellen die besten Fadolokale vor.

Raus aus der Stadt
Die schönsten Ziele in der Umgebung: Cascais und Estoril, Sintra,
Óbidos, Batalha, Alcobaça, Mafra
und Tomar.

Norwegen Norden

Von Trondheim zum Nordkap
Trondheim ist das Tor zum hohen
Norden. Dahinter beginnen Weite
und Einsamkeit. Für die Fahrt zum
Nordkap sollte man sich Zeit las-
sen, der Weg ist das Ziel!

Wale ganz nah
Interview mit Geir Maan, Kapitän
eines Bootes für Walsafaris, die
nach Einschätzung von Biologen,
die riesigen Säuger nicht stören.

Mit dem Postschiff unterwegs
5000 km, 34 Häfen und mehr als
100 Fjorde, das sind die Hurtigru-
ten. Welche Schiffe heute auf der
Route verkehren, päsentieren wir
Ihnen im DuMont Thema.

www.dumontreise.de

Lieferbare Ausgaben